# RAPPORT W
## FREIWILLIG ALS HÄFTLING IN AUSCHWITZ

Mein herzlichster Dank geht an: Isabelle Davion, die mich den Rapport Pilecki entdecken ließ und mir über das gesamte Projekt mit ihrer Expertise zur Seite stand, Daniel Maghen und Vincent Odin, die an dieses Projekt geglaubt und es nach außen hin sichtbar gemacht haben, Emanuelle Klein, meine Verbindungsperson, Véronique Dubrion, die mich in diesen achtzehn Monaten unterstützt hat, und ihrem großen Pferd Tonus für die Inspiration, die es mir gegeben hat, den Komponisten, die mich in all den Atelierstunden begleitet haben: Hans Zimmer (Interstellar), Michael Nyman (The Draughtman's Contract), Yaron Herman, John Surman (Private City), Guillaume Perret (Free).

Gaétan Nocq

Dank an Krzysztof Zamorski und an Joanna Mrowiec für ihre wertvolle Hilfe und ihren unermüdlichen Enthusiasmus.
Und Dank an Marek Lasota, dass er für uns die Archive des Museums der Heimatarmee geöffnet hat.
An die L3L4HI0147.

Isabelle Davion

Für meine Großeltern, meinen Großonkel und meine Großtante.

Daniel Maghen

**SPLITTER Verlag**
1. Auflage 10/2021
© Splitter Verlag GmbH & Co. KG · Bielefeld 2021
Aus dem Französischen von Marcel LeComte
LE RAPPORT W - INFILTRÉ À AUSCHWITZ by Gaétan Nocq
© 2019 Editions & Galerie Daniel Maghen
All Rights Reserved.
Redaktion: Martin Budde, Sven Jachmann
Lettering: Malena Bahro, Stephan Kempers
Covergestaltung: Dirk Schulz
Herstellung: Horst Gotta
Druck und buchbinderische Verarbeitung:
AUMÜLLER Druck / CONZELLA Verlagsbuchbinderei
Alle deutschen Rechte vorbehalten · Printed in Germany
ISBN: 978-3-96219-134-4

Weitere Infos und den Newsletter zu unserem Verlagsprogramm
unter: **www.splitter-verlag.de**

www.comic.de
*Das Magazin für Comic-Kultur*
*Kritiken, Essays, Interviews, News, Termine*

Gaétan Nocq

# RAPPORT W
## FREIWILLIG ALS HÄFTLING IN AUSCHWITZ

*Historische Beratung und Nachwort*
*Isabelle Davion*

SPLITTER

Am nächsten Tag wurde Brot ausgegeben.

Wir hoben es auf.

Damals war uns der Wert eines Stücks Brot noch nicht bewusst.

* Tschenstochau  ** Kattowitz

Das Murmeln der Stimmen, das laute Geschrei näherte sich.

Die Tür des Waggons wurde wuchtig aufgerissen.

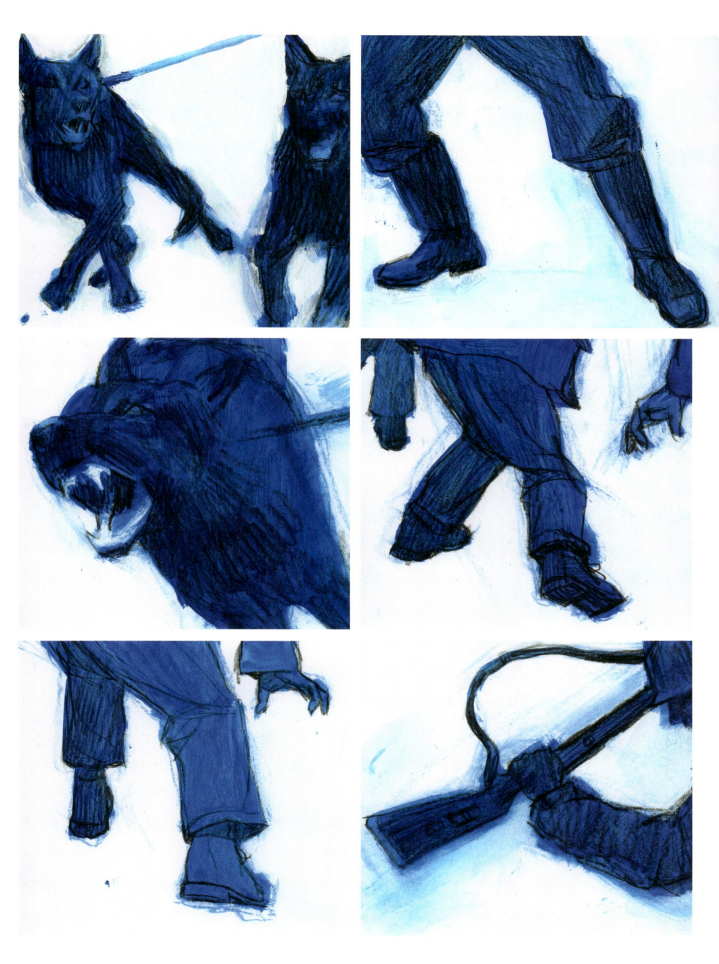

Man führte uns zu einem von starken Scheinwerfern ausgeleuchteten Platz.

Die SS-Männer befahlen einem von uns zu laufen.

Er wurde sofort erschossen.

Zehn Männer wurden wahllos aus den Reihen gezogen und ebenfalls erschossen, angeblich wegen »Fluchthilfe«.

Die Leichen wurden mithilfe einer um den Fuß geknüpften Leine fortgezogen.

Die Hunde waren aufgestachelt vom Blutgeruch.

Sie wurden auf die Leichen losgelassen.

In der Mitte des Lagers befand sich ein ziemlich weiträumiger Platz. Die SS-Männer stellten sich rund um uns herum auf. Erneut befahl man uns, Fünferreihen zu bilden. Dann begann der Appell anhand der bei der Razzia in Warschau zwei Tage zuvor festgehaltenen Namen.

Henryk Ambroziak!
HIER!
Lukasz Buczek!
HIER!

Pawel Dabrowski!
HIER!

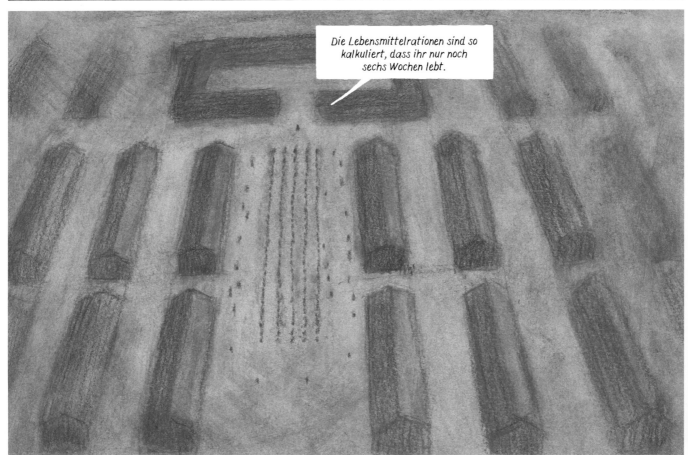

> *Wer auch immer länger durchhält...*
> *muss demnach gestohlen haben. Dann kommt er*
> *in die Strafkompanie, das Spezialkommando,*
> *in dem man nur sehr kurz überlebt!*

Das Ziel war es, uns so schnell wie möglich zu demoralisieren. Wir haben all unser Brot in Schubkarren und einem Laufwagen auf dem zentralen Platz zwischengelagert. Niemand hat es in jenem Moment vermisst: Wir dachten damals nicht ans Essen.

Und für mich, Witold Pilecki alias Tomasz Serafiński, begann eine Mission, für die ich mich freiwillig gemeldet hatte: mich in das Lager Auschwitz einschleusen, um dort ein Widerstandsnetzwerk aufzubauen.

95 TAGE BIS WEIHNACHTEN

Mist...

Auf dem zentralen Platz hielten sich alle Häftlinge in ihren Kommandos bereit und warteten auf den Abmarsch zur Arbeit.

Zu spät und ohne Zuordnung zu sein hieß, den Schlägen der Kapos oder SS-Männer ausgesetzt zu sein.

Ich sah eine Häftlingseinheit, die sich auf dem Platz befand und zu keinem Kommando gehörte. Es gab einen »Überschuss« an Häftlingen, aufgrund der geringen Anzahl von Arbeitskommandos: Das Lager fing erst an, sich zu entwickeln.

Kein Kapo oder SS-Mann kümmerte sich um die Gruppe...     ... ich rannte auf diesen Zirkel von Häftlingen zu.

Was tust du hier?

Ich bin von Alois dem Blutigen geschasst worden!

Was hast du gemacht?

Da waren zwei kranke Burschen, die sich weigerten, arbeiten zu gehen. Alois hat mir befohlen, sie zu vermöbeln. Aber ich hab mich geweigert.

Und das hat Alois gar nicht gefallen.

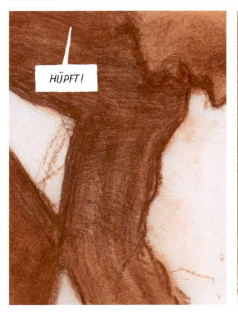

Man gab uns Eimer, Maurerkellen, Hämmer und Kalk, und wir verließen das Lager, um nach Auschwitz zu gehen, in die Stadt.

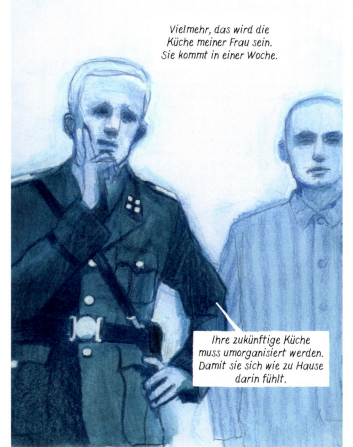
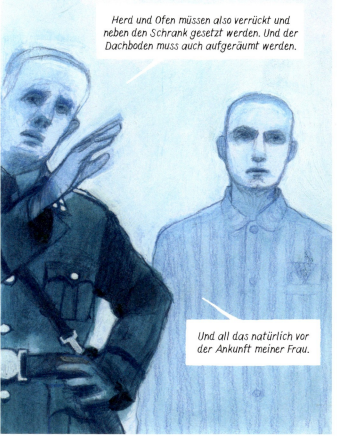

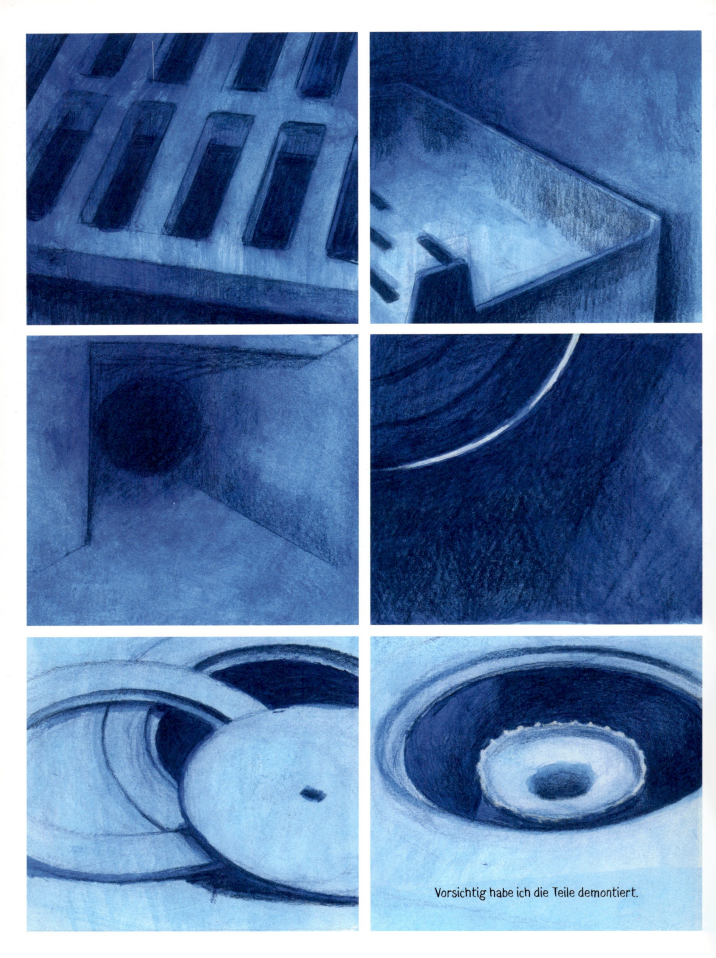

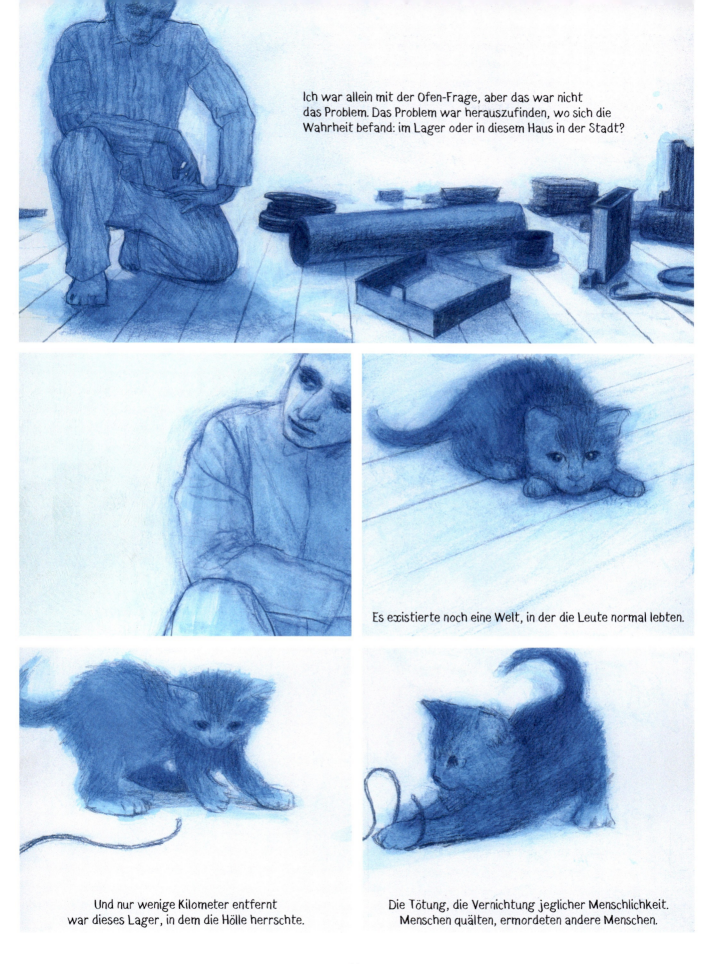

Und dieser SS-Mann? Dort, im Lager, war er ein Folterknecht, ein Schlächter; hier gab er vor, ein Mensch zu sein.

In diesem Haus richtete er sein Nest ein. Seine Frau würde kommen. Er konnte Gefühle haben.

Es war ein Moment des inneren Kampfes. Während dieser vier Tage ging ich zum Schlafen ins Lager, und den ganzen Tag über arbeitete ich in diesem Stadthaus. Auf jenen Hin- und Rückwegen wechselte ich von der Hölle zur Erde und umgekehrt.

Und, Stück für Stück, stieg die Rebellion in mir auf. Eines wurde mehr und mehr klar: Es war an der Zeit, etwas zu unternehmen.

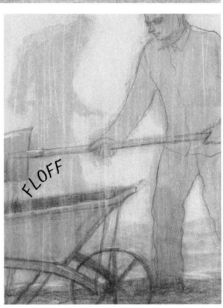

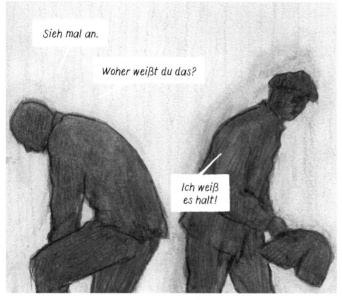

Es war an der Zeit, meine Mission zu beginnen. Die erste Phase war das Rekrutieren vertrauenswürdiger Männer.

Na, dann werden wir dem Kommandanten mal einen schönen Garten machen, Slawek. Für den kommenden Frühling...

Oh, wir haben Zeit.

Weißt du, der Herbst ist eine sehr wichtige Jahreszeit für einen Garten. Die Arbeiten, die dann gemacht werden, bereiten den Frühling vor.

Jahreszeit hin oder her, es regnet ohne Unterlass! Und diese Erde, die einem an den Hacken klebt...

Diese Erde ist sehr tonhaltig, sie staut das ganze Wasser auf. Und zu viel Wasser lässt die Wurzeln verrotten!

Man nennt das auch schweren Boden. Also muss man die Erde ameliorieren, verstehst du?

Nein.

Man muss sie verbessern, um gute Gartenerde draus zu machen!

Und wie macht man das?

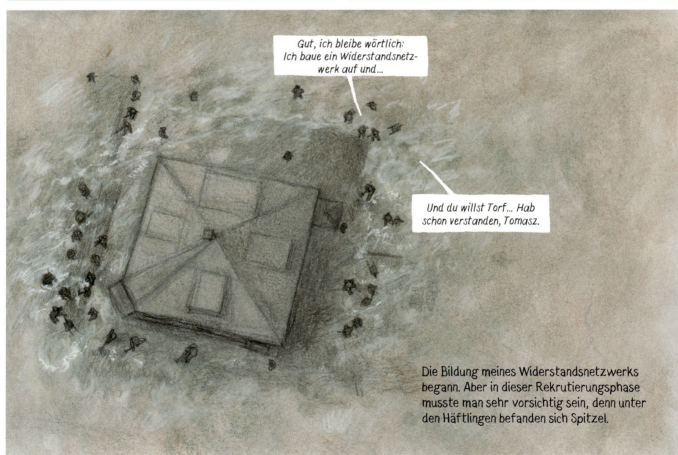

Ich habe zwei Tage in dem Garten des Kommandanten gearbeitet. Wir haben Erdarbeiten gemacht, Blumenbeete und Alleen angelegt. Danach erwartete uns eine andere Aufgabe.

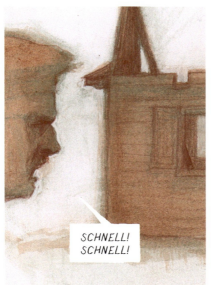

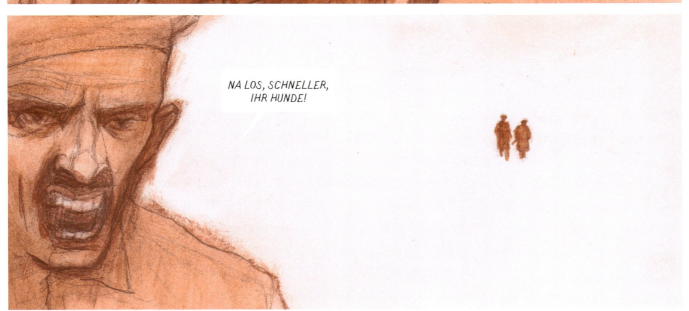

\* Polnischer Käsekuchen
\*\* Traditioneller polnischer Napfkuchen zum Osterfest

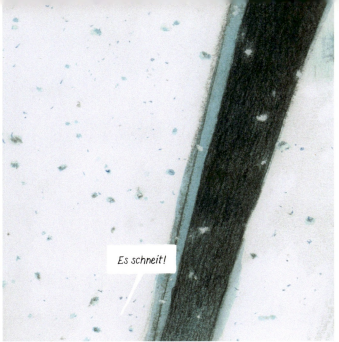

Es war bereits November. Und wir waren dort am Arbeiten, in diesem Ring von mehreren Kilometern Durchmesser, zwischen der ersten Umfassung, an der Grenze des Lagers...

... und der zweiten Umfassung, an der Grenze zur Freiheit.

Hinter der Umzäunung konnten wir zwei Ziegen und eine Kuh sehen, die mit großem Appetit die Kohlblätter abfraßen, die auf jener Seite des Stacheldrahts wuchsen.

Auf unserer Seite gab es keine Kohlblätter mehr. Alle waren gegessen worden. Nicht von Kühen, sondern von uns, den Häftlingen.

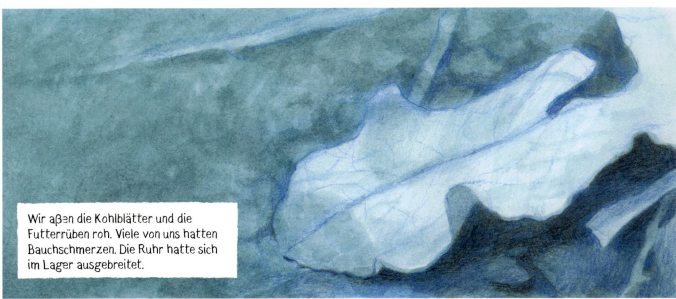

Wir aßen die Kohlblätter und die Futterrüben roh. Viele von uns hatten Bauchschmerzen. Die Ruhr hatte sich im Lager ausgebreitet.

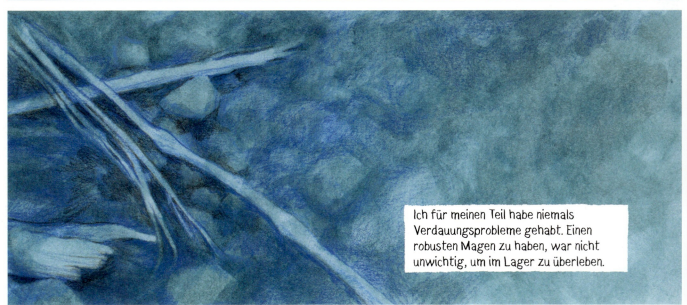

Ich für meinen Teil habe niemals Verdauungsprobleme gehabt. Einen robusten Magen zu haben, war nicht unwichtig, um im Lager zu überleben.

Mehrere Wochen arbeiteten wir hart, um all die Häuser abzureißen. Das Schwierigste war, die Fundamente zu zerstören. Letztere mussten verschwinden, ohne die geringste Spur zu hinterlassen. Ganz wie die Bäume, die wir mitsamt ihren Wurzeln ausrissen. Alles wurde getilgt.

Der herzensgute Michal hatte sich, als er für uns auf der Lauer lag, eine Erkältung zugezogen und entwickelte eine Lungenentzündung. Noch im November kam er in den Häftlingskrankenbau. Zu jener Zeit gab es eine wichtige Veränderung.

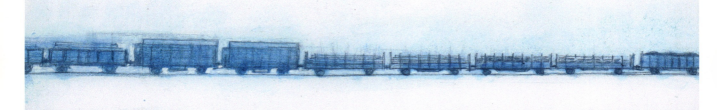

Das Lager vergrößerte sich.

Von Waggons mussten Balken abgeladen werden, Schienen, Fensterscheiben, Ziegelsteine, Rohre und Kalk. Tatsächlich wurde alles an Material geliefert, was zum Bau neuer Gebäude nötig war.

Das Entladen musste schnell gehen. Also hetzten wir uns ab, wir schleppten, wir stolperten und wir stürzten. Schienen mit einem Gewicht von zwei Tonnen erdrückten uns fast. Wer nicht stürzte, verbrauchte seine letzten Kräfte.

Solange wir in Michals Gruppe waren, konnten wir uns schonen.
Wir mussten Ziegelsteine tragen bei unserem Rückweg zum Lager, mittags wie abends.

An den ersten beiden Tagen trugen wir jeder sieben Ziegelsteine, die folgenden Male sechs, und schließlich fünf.

Abends ging ich gleichmäßigen Schrittes...

Doch das schien nur so. Manchmal verfiel ich in Trance.

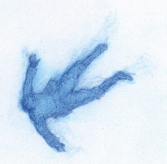

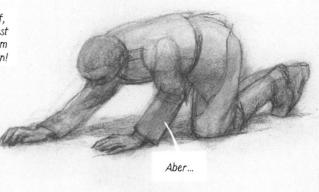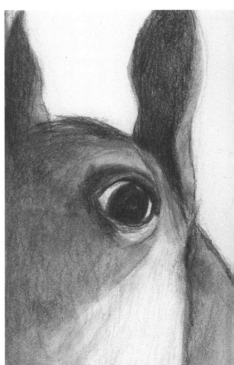

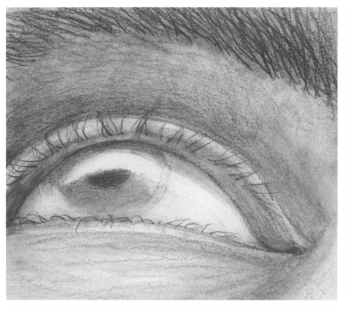

Ich wachte auf. Während ich langsam zur Besinnung kam, hörte ich in mir einen Befehl: Du darfst nicht aufgeben!

*Nun geh schon!*

*Bleib nicht wie angewurzelt da stehen, Tomasz!*

*Haltet euch ran, da kommt ein Kapo!*

*Geht's, Tomasz?*

*Ja, ja, mach dir keine Sorgen.*

Wir kehrten durch das Tor ins Lager zurück. Jetzt verstand ich die schmiedeeiserne Inschrift. Ja, Arbeit machte frei... denn sie befreite vom Lager... Sie befreite den Geist vom Körper, jenem Körper, der für das Krematorium bestimmt war.

Zu Beginn bestand das Lager aus 14 eingeschossigen Blöcken und 6 Blöcken mit einem Obergeschoss. Acht weitere Blöcke mit Obergeschoss wurden errichtet, und alle Blöcke, die keines hatten, wurden erweitert.

Der Körper wurde unablässig gemartert, aber der Geist gab nicht nach. Man musste zügig Gebrauch von seiner Intelligenz machen. Nachdem Michal fort war, lavierten Slawek und ich herum, um den Schlagstöcken in diversen Kommandos zu entgehen.

Aber ich wollte auch »meinen Job« erfolgreich ausführen.

Und so baute ich mein Widerstandsnetzwerk auf, während das Lager sich ausdehnte.

* ZOW (Związek Organizacji Wojskowej): Bund militärischer Organisationen

** ZWZ (Związek Walki Zbrojnej): Bund des bewaffneten Kampfs

Ich habe mein Netzwerk auf dieselbe Weise aufgebaut wie 1939 in Warschau bei der Geheimen Polnischen Armee.

Zunächst wurde eine erste Fünfereinheit gebildet: Den Eid leisteten der Oberst 1, der Stabsarzt 2, der Rittmeister 3, der Leutnant 4 und der Kamerad 5. Es war eine Obereinheit. Der Chef dieser Gruppe war der Oberst 1. Der Stabsarzt 2 hatte den Befehl erhalten, den Häftlingskrankenbau (HKB) unter seine Kontrolle zu bringen.

*Wer sagt denn, dass ich diskret sein wollte, Wielopolski?*

*Du hast den Fehler gemacht, schneller zu werden und dich zu oft umzusehen. Man darf nie zeigen, dass man weiß, dass man verfolgt wird. Das weißt du selbst.*

*Wer hat mir denn beigebracht, dass man sich bei jeder Beschattung auf die Lichtreflexe der Gebäude stützen soll?*

*Hier gibt es nur Ziegelsteine, Ziegelsteine und noch mal Ziegelsteine.*

*Und der Sinn für Anpassungsfähigkeit, Wielopolski? Das gehört zu den Grundlagen.*

*Immer nur Lektionen erteilen...*

*Ist eine Beschattung in einem abgeschlossenen Bereich nicht ein wenig absurd?*

*Wir spielen hier kein Theater.*

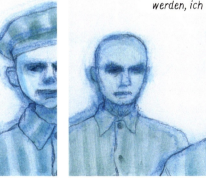
*Hör zu, ich will diesen Winter im Warmen sein und...*

*... du willst im Tischlerei-Kommando aufgenommen werden, ich weiß.*

*Du solltest wissen, dass es erstens ein sehr begehrter Posten ist, und zweitens, dass man wirklich was von diesem Handwerk verstehen muss.*

*Was soll's...*

*Nur weil du Holzspielzeug für deine Blagen geschnitzt hast, brauchst du nicht drauf zu hoffen, da reinzukommen.*

*In Wahrheit musst du nur eine Person überzeugen, und zwar den Vorarbeiter. Einen gewissen Wilhelm Westrych.*

*Was weißt du über ihn?*

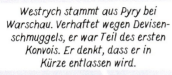

Westrych stammt aus Pyry bei Warschau. Verhaftet wegen Devisenschmuggels, er war Teil des ersten Konvois. Er denkt, dass er in Kürze entlassen wird.

Ist er bestechlich?

Nein, das Wichtigste ist, was er im Kopf hat. Da ist der Ansatzpunkt.

Ein halb leerer oder ein halb voller Kopf?

Er dient zwei Herren: den Nazis und dem polnischen Staat. Er wird dir helfen, wenn ihm das einträglich für die Zukunft sein kann.

Verstehe, er denkt bereits daran, sich von seiner Kollaboration reinzuwaschen, wenn die Nazis besiegt sind.

Allerdings, und er hat bereits einigen polnischen Ex-Prominenten geholfen.

Um ihn zu überzeugen, muss deine Figur gut aufgestellt sein.

Wie im Theater...

Geh bald zu ihm, mein Posten wird frei werden...

Ja, ich sagte »frei werden«.

Drück dich klarer aus, Wielopolski, du willst ausbrechen!

Nein, ich werde der Hölle auf einem amtlicheren Weg entkommen.

Das Verfahren ist eingeleitet, ich warte.

Gut, unterrichte mich, sobald du es weißt. Ich werde dich brauchen...

... um meinen Bericht zu verschicken.

Um Westrych überzeugen zu können, musste ich mich als jemand Wichtiges ausgeben.

Ich konnte ihn treffen. Ich beschloss, alles auf eine Karte zu setzen...

Guten Abend, ich bin Tomasz Serafiński.

Ehrlich, Sie haben mir Angst eingejagt, wie Sie da hinter der Tür gestanden haben.

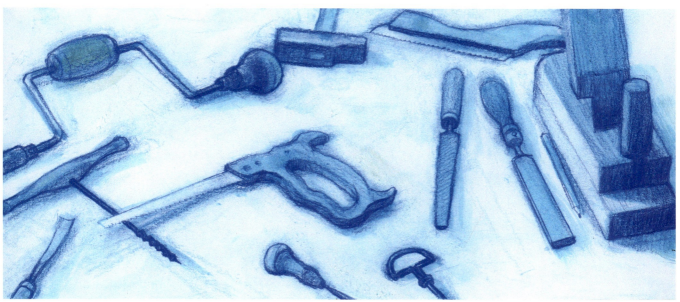

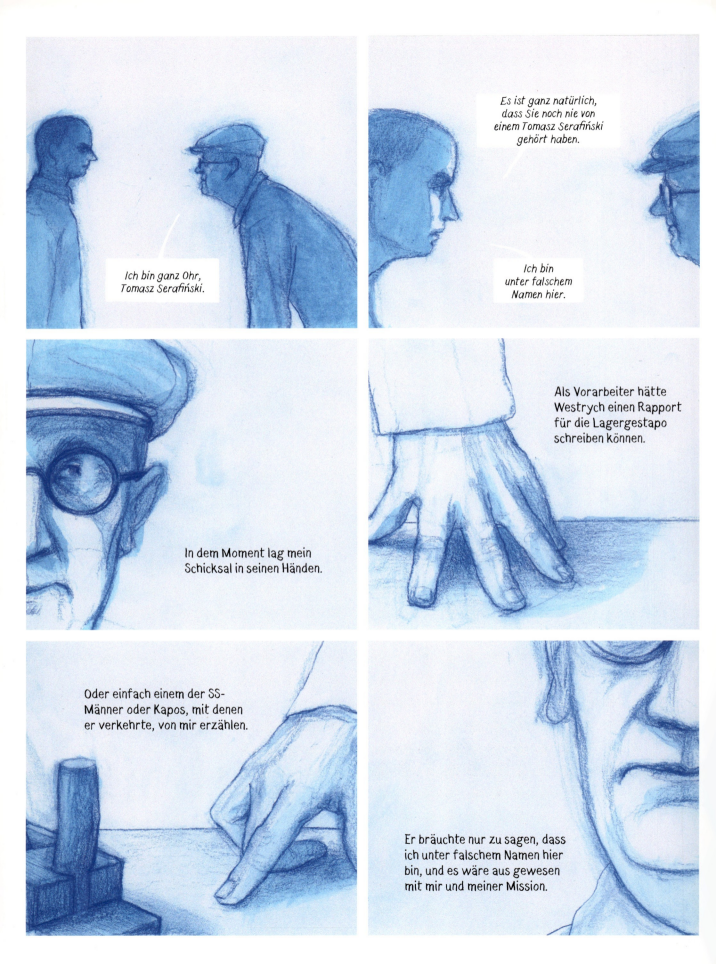

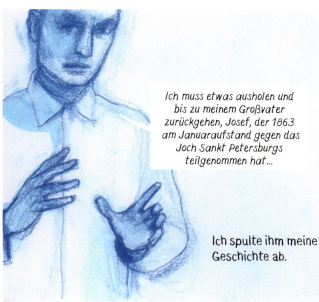

Ich muss etwas ausholen und bis zu meinem Großvater zurückgehen, Josef, der 1863 am Januaraufstand gegen das Joch Sankt Petersburgs teilgenommen hat...

Ich spulte ihm meine Geschichte ab.

... und meine Familie trägt das Leliwa-Wappen, das in der Szlachta* schon seit den Zeiten der polnisch-litauischen Union vertreten ist...

Eine Geschichte.

Eine Mischung aus Wahrheiten...

... und Lügen.

Um ihn zu überzeugen.

Ich war erfolgreich. Er sprach mich mit »Herr« an, was aus dem Mund eines Vorarbeiters, der mit einem Häftling redete, alles andere als abwertend war.

Kommen Sie morgen früh nach dem Appell vorbei. Ich werde die Frage Ihrer Aufnahme mit dem Kapo des Kommandos klären.

Rechtschaffenen Polen bin ich immer behilflich.

Vergessen Sie das nur nicht, mein Herr.

\* Die Gesamtheit des polnischen Adels

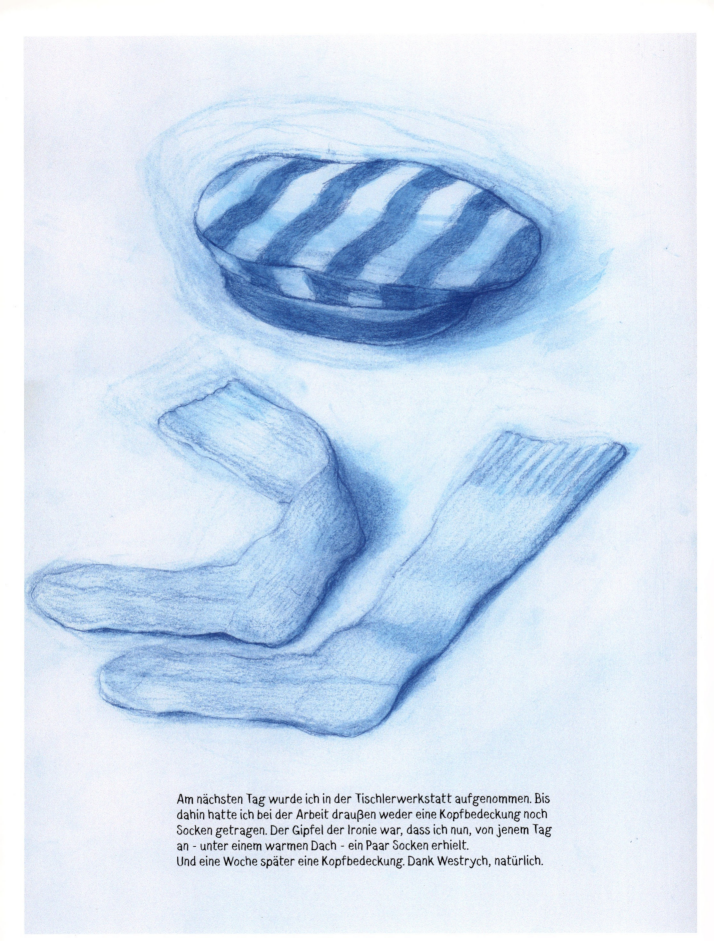

Am nächsten Tag wurde ich in der Tischlerwerkstatt aufgenommen. Bis dahin hatte ich bei der Arbeit draußen weder eine Kopfbedeckung noch Socken getragen. Der Gipfel der Ironie war, dass ich nun, von jenem Tag an - unter einem warmen Dach - ein Paar Socken erhielt.
Und eine Woche später eine Kopfbedeckung. Dank Westrych, natürlich.

In meinem Rapport erstattete ich Bericht über die Bildung der ersten Zellen meines Netzwerks. Fortan galt es herauszufinden, wie ich ihn dem in Warschau ansässigen Führungsstab der Geheimen Armee zukommen lassen konnte.

Die persönlichen Besitztümer der Häftlinge wurden in Block 18 gelagert. Die Männer, die entlassen oder überstellt wurden, erhielten in diesem Fall Kleidung und Gepäck zurück.

Das Netzwerk musste diesen Schlüsselposten in Beschlag nehmen, um Vertrauensmänner vor ihrem Verlassen des Lagers ansprechen zu können.

Und so verließ der erste Rapport das Lager mittels des Verbindungsmanns Wielopolski.

Das Jahr 1940 neigte sich dem Ende zu. Zu Weihnachten wurden schön geschmückte Tannenbäume im Lager aufgestellt.

An Weihnachten konnten die Häftlinge zum ersten Mal Pakete ihrer Familien empfangen. Lebensmittel aller Art waren verboten. Eine von den Behörden aufgestellte Liste erlaubte den Angehörigen, Kleidung zu schicken: ein Pullover, Handschuhe, ein Schal, Ohrenschützer und Socken. Sonst nichts.

An Heiligabend ließen Kapos zwei Häftlinge auf Hocker neben einem geschmückten Tannenbaum steigen und verprügelten sie mit jeweils fünfundzwanzig Schlägen auf die empfindlichste Stelle ihres Körpers.

Westrych und einem Kapo der Tischlerwerkstatt gelang es, sich aus der SS-Küche einen vorzüglichen Eintopf zu besorgen. Heiligabend wurde in der Werkstatt selbst gefeiert, wo jeder Tischler der Reihe nach einen Anteil abbekam.

Sag, Tomasz, kommst du voran mit...

Nun, meine Herren, ist das Wirtshaus genehm?

Vielen Dank, das ist ein Drei-Sterne-Eintopf.

Wunderbar, Westrych.

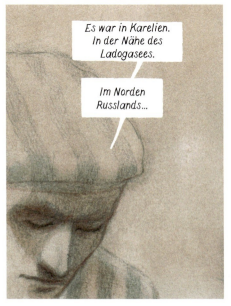

272 TAGE BIS ZUM SOMMER.

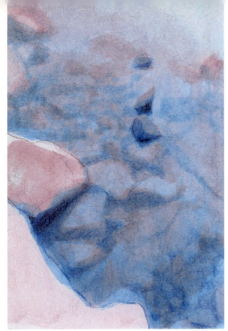

Ich hatte hohes Fieber, sicher eine Grippe. Ich wurde in Block 15 untergebracht, Zimmer 7. Im Häftlingskrankenbau galten absurde Vorschriften: Im Winter wurden alle Fenster zweimal am Tag geöffnet. Im Sommer wiederum waren sie alle geschlossen.

Direkt neben mir hatte ein Alter aus den Bergen das Bewusstsein verloren. Sein Gesicht werde ich niemals vergessen.

Es war mit einer Kruste von Läusen bedeckt. Die Kruste war wie erstarrt: Die Läuse hatten sich in der Haut festgebissen.

Zu meiner Linken befand sich ein anderer Häftling namens Nakun. Die Decke war über sein Gesicht gezogen, er war tot. Man wartete auf die Bahre.

Unterdessen begannen die Läuse auf seiner Decke, sich immer mehr zu regen und auf mich zu zu krabbeln.

Es gab verschiedene Arten von Läusen: kleine, große, längliche, bauchige, weiße und graue, gestreifte und andere, vom Blut gerötete.

Die Läuse krochen überall rein. | Ich zerquetschte sie haufenweise. | Doch mein Körper wollte schlafen.

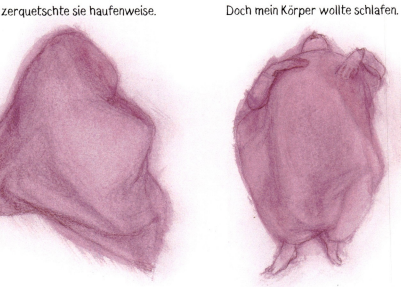

Ich konnte nicht. | Einschlafen hieß, sich fressen zu lassen. | Ich hatte zu wenig Kraft, um zu kämpfen.

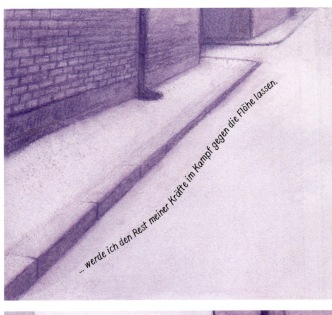

Die Nachricht war an Stabsarzt 2 gerichtet. Jede Nachricht unter Häftlingen war verdächtig im Lager. Sie konnte für eine Kommunikation gehalten werden, die sich gegen das III. Reich richtete.

Stabsarzt 2 kam, obwohl es nicht seine Abteilung war. Die Untersuchung ergab, dass ich eine Entzündung des linken Lungenflügels hatte. Daraufhin wurde ich nach Block 20 verlegt, um eine neue Injektion auszuprobieren.

Ich kam in ein Bett im oberen Stock. Hier gab es keine Läuse. Die 45 Läuse, die ich in meiner neuen Bett- und Unterwäsche fand, zählten nicht. Ich habe sie alle getötet. Und dann war Schluss. Ich kehrte ins Leben zurück.

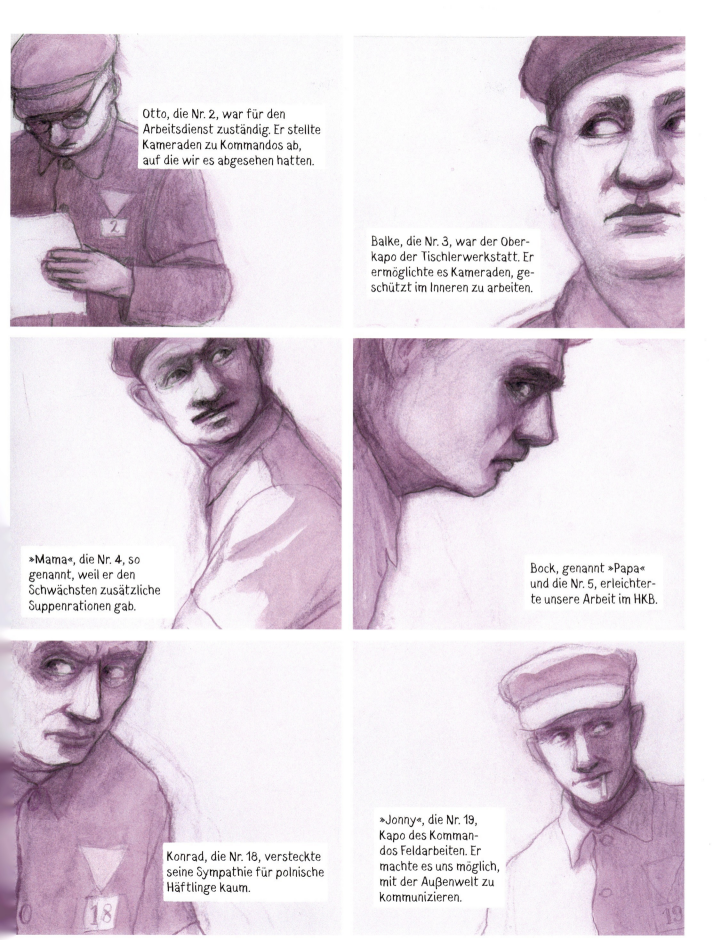

Jonny hatte die Natur unserer Organisation zweifellos durchschaut.

Er verriet uns nicht.

Aber er beging eine Fahrlässigkeit, indem er zuließ, dass die örtliche Bevölkerung den Häftlingen Brotlaibe zusteckte.

Bei diesem Verstoß ertappt, erhielt er Stockschläge auf dem Hocker.

Von dem Moment an wurde Jonny ein echter Freund.

Er erleichterte die Kontakte mit der Außenwelt.

Kontakte, die über die Mittelsperson Frau Zofia S. stattfanden, an einem Ort namens »die alten Weiher«.

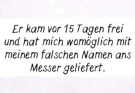

Das nennt man dann wohl »aufgeflogen sein«.

Man wird mich dem schönen Blonden überstellen: Palitzsch, dem Henker der SS.

Bestenfalls wird es eine Kugel in den Kopf...

Schnell! Schnell!

Ein sonniger Tag... Es riecht fast nach Frühling...

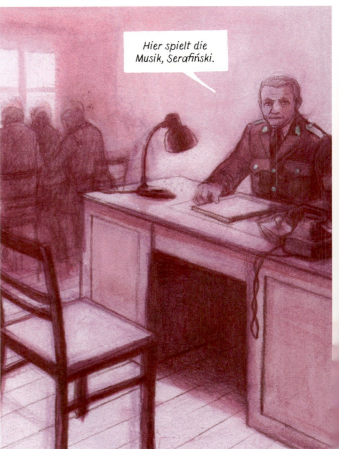

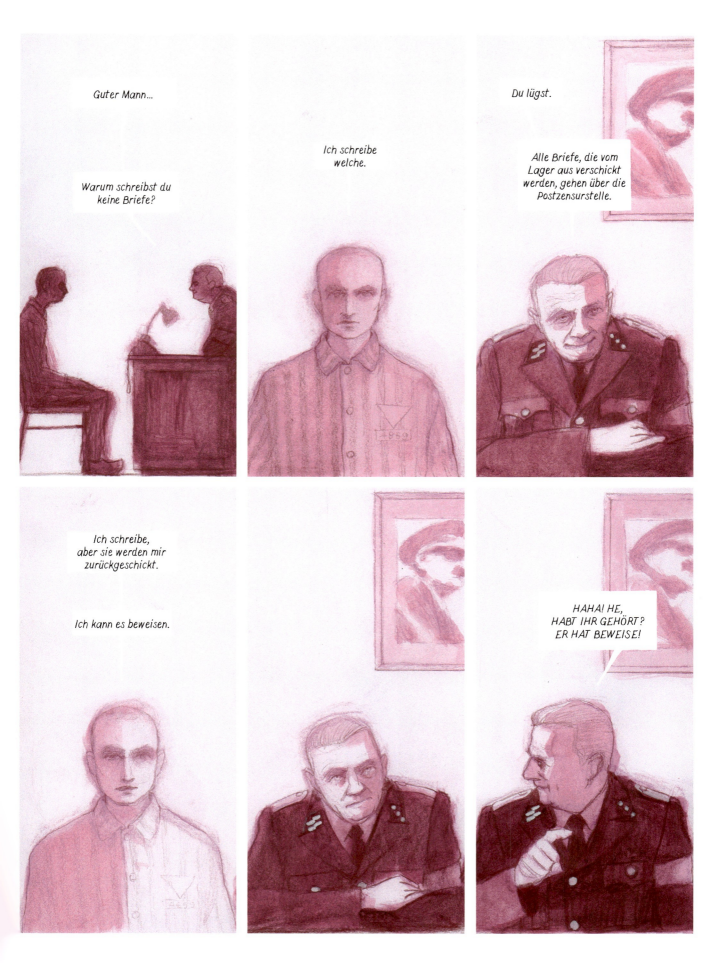

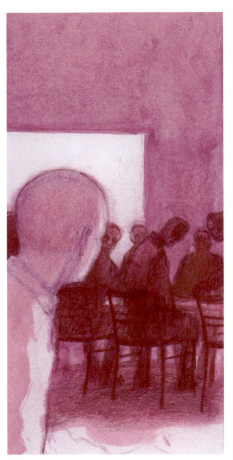
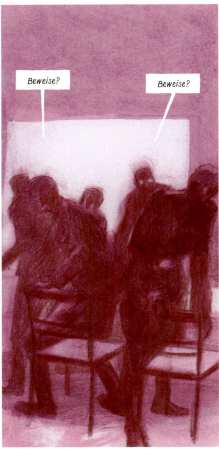

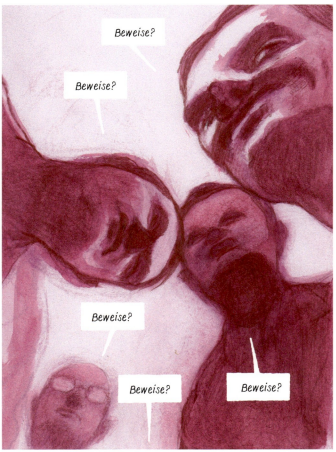
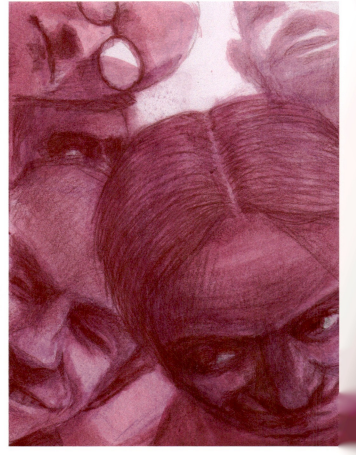

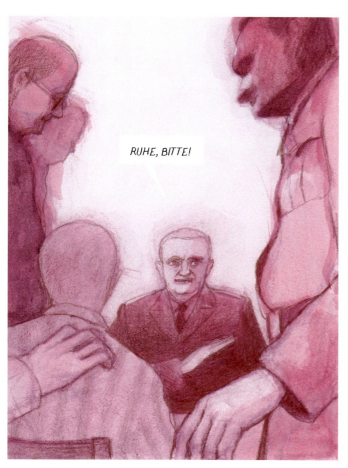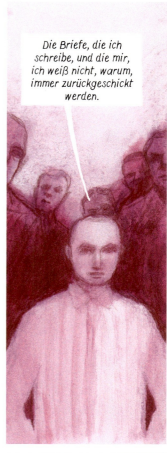

Es war Hochsommer. Seit dem Frühjahr hatte das Lager sein Orchester, und es fehlte nicht an guten Musikern. Im Orchester zu sein war begehrt: Wer zu Hause ein Instrument besaß, ließ es hierher transportieren und trat in das von »Franz« (Ex-Kapo der Küchen, ein Mistkerl) dirigierte Orchester ein.

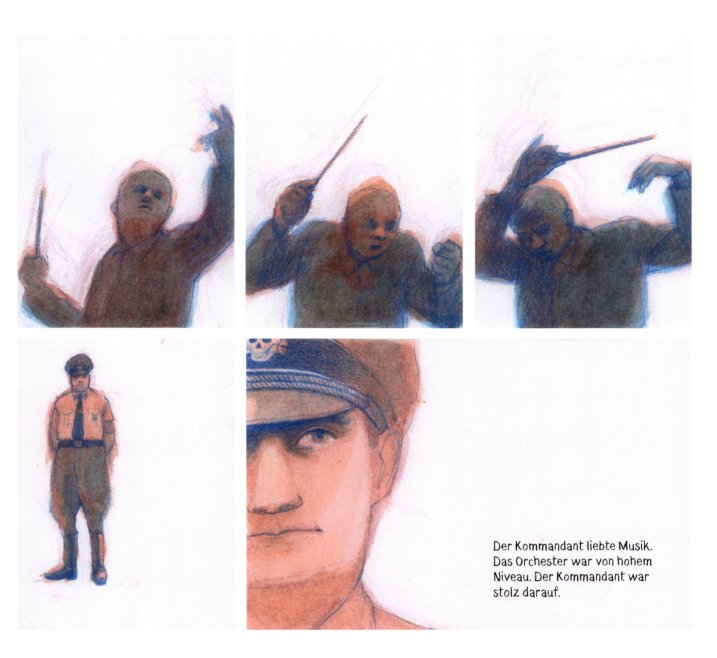

Das Spiel, das ich in Auschwitz spielte, war gefährlich. Tatsächlich war ich hier weit über das hinausgegangen, was man üblicherweise unter gefährlich verstand.

Aber ich widmete diesem Spiel meine volle Aufmerksamkeit. Im Übrigen entwickelte sich das Netzwerk immer schneller und ganz so, wie ich es geplant hatte.

*KRUIIIK*

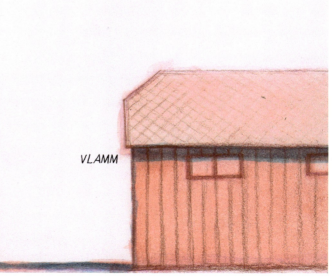

*VLAMM*

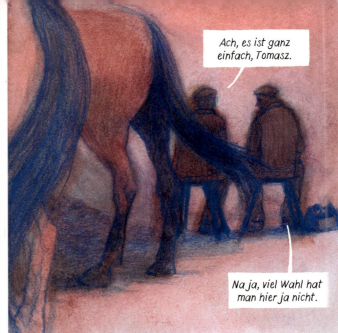

In dem Moment bekam ich wirklich Angst, von meiner Familie befreit zu werden.

Wie andere waren sie sehr besorgt und hätten handeln können, indem sie die Behörden bestachen. Dann wäre den SS-Organen meine wahre Identität im Lager enthüllt worden.

Um sich meine Lage vorzustellen, muss man in den September 1940 zurückgehen, nach Warschau. Ich war bei Frau B3 einquartiert.

So kommen Sie doch rein.

Sie sind hier zu Hause, Frau B.

Der Kaffee riecht gut.

Ich habe Ihnen eingeschenkt.

Hat jemand nach mir gefragt?

Nein.

Hat Ihnen jemand etwas erzählt?

Ja.

Was?

Zwei Sachen.

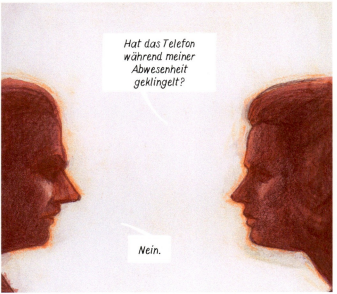

Ich hatte all meine Familienbande in Warschau gekappt, es galt also zu verhüten, dass diese sie von sich aus wieder aufnahmen. Da ich nicht über meine Mission sprechen konnte, habe ich meiner Familie geschrieben, dass ich zwar in Auschwitz sei, sie aber keinerlei Schritte unternehmen sollten, und dass ich hierbleiben wolle, bis all das vorbei ist. Der Kamerad 47, der in einem Kommando in der Stadt arbeitete, hatte einen Kontakt zu Zivilisten hergestellt. Über diesen Kanal konnte ich mittels des Hauptquartiers in Warschau zwei Briefe an meine Familie schicken.

Gegen Ende des Sommers kamen die ersten bolschewistischen Häftlinge im Lager an.

Im Wesentlichen waren es Offiziere.

Sie wurden zum Block 11 gebracht.

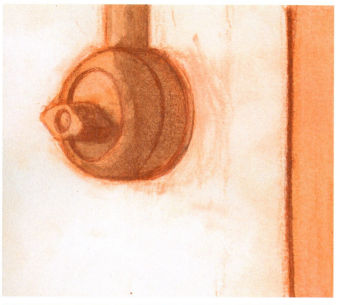

Sie wurden in einen Raum im Untergeschoss gesperrt. Es waren mehr als 700, einer an den anderen gedrängt.

Am Abend betrat eine Gruppe deutscher Soldaten den Raum.

Sie setzten ihn unter Gas und beobachteten, was passierte.

Am nächsten Tag zogen die polnischen Ärzte die Leichen heraus. Die Sowjets waren dermaßen zusammengepfercht, dass sie nicht zu Boden gefallen waren, und ihre Arme waren so ineinander verschlungen, dass es schwer war, sie zu trennen. Es war Nr. 19, der mich als Erster informierte. Er prophezeite, dass es weitere Vergasungen geben werde, die bei allen Häftlingen durchgeführt würden. Damals erschien und das noch unglaubwürdig.

580 TAGE BIS ZUM OSTERMONTAG 1943.

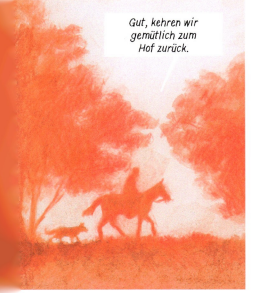

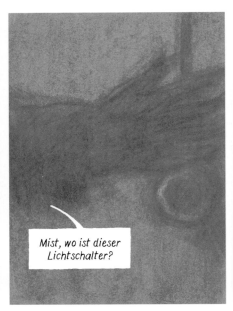

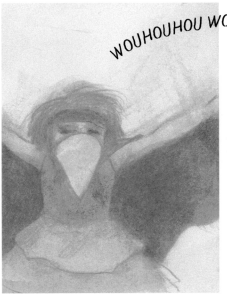

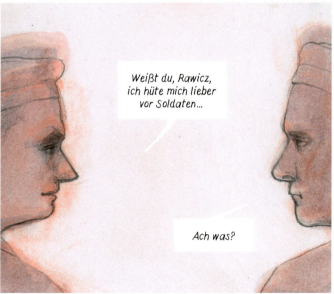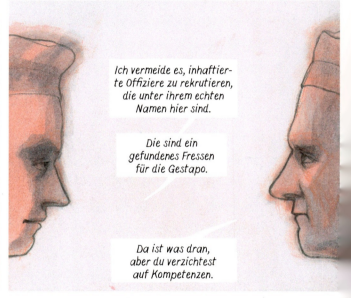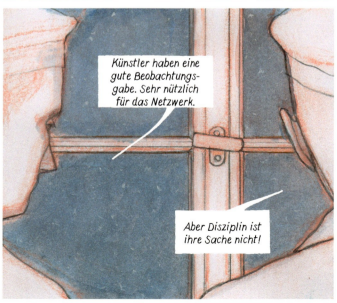

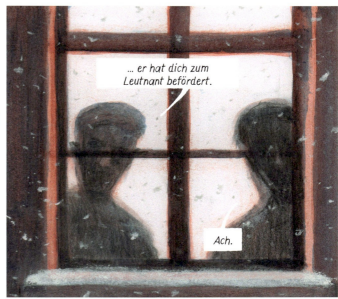

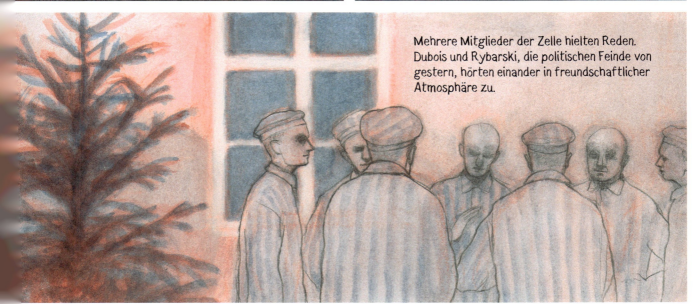

Rawicz übernahm die Führung der Vereinigung der geheimen Organisationen im Lager.

Wobei jede Organisation ihre individuelle Struktur behielt. Ich leitete weiterhin den ZOW und erarbeitete zusammen mit Rawicz eine Strategie.

Draußen, in Warschau, nahm die Allianz aller Widerstandseinheiten derweil den Namen »Armia Krajowa« an, »Heimatarmee«. Unter dem Kommando von Grot war die AK der bewaffnete Arm der Exilregierung.

Im Weihnachtsbaum von Zimmer 7 hatten wir einen Scherenschnitt versteckt, einen weißen Adler*.

* das Wappentier Pole

Denn unser innigster Wunsch war, den allgemeinen Aufstand von ganz Polen anzuführen.

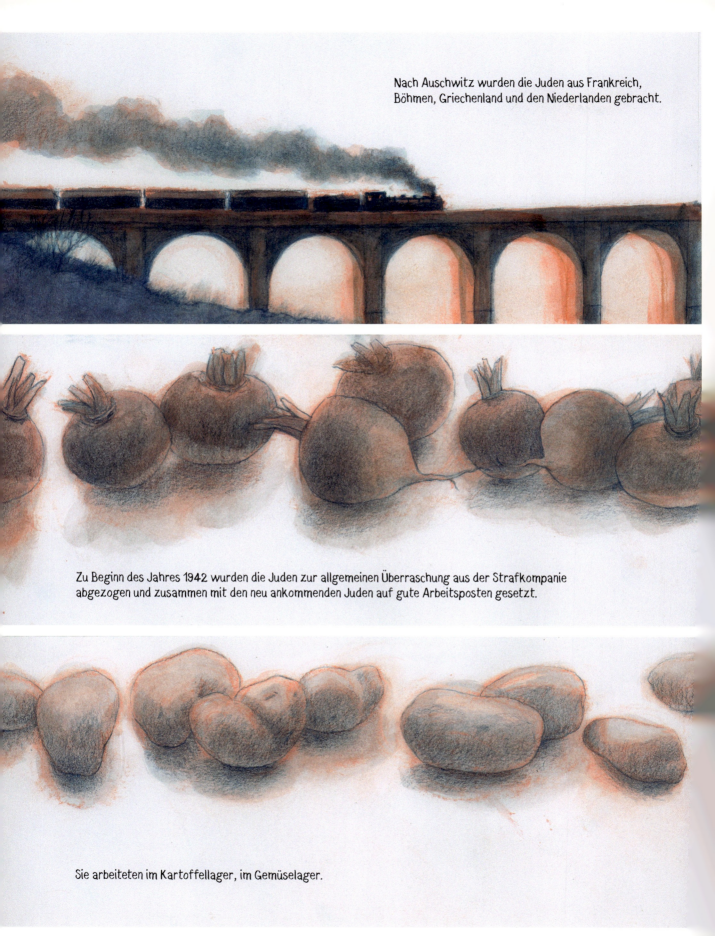

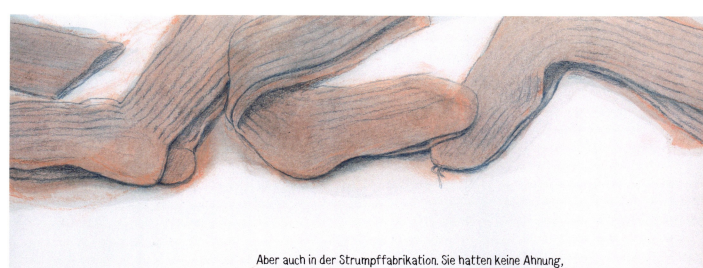

Aber auch in der Strumpffabrikation. Sie hatten keine Ahnung, dass dahinter ein heimtückischer, ein monströser Gedanke steckte.

Dieser bestand darin, dass sie ihren Familien regelmäßig schrieben, dass sie in diesen Betrieben arbeiteten und alles gut war.

Nachdem sie mehrere Monate über ihre guten Lebensumstände geschildert hatten, wurden sie plötzlich von ihren Posten abgezogen und dann liquidiert. Im Frühling wurde der Bau der Holzbaracken in Birkenau abgeschlossen. Jeden Tag wurden Tausende Juden dorthin überführt.

Es gab eine Lawine von Briefen. Eine Papierschlacht begann. Jeden Abend leerten wir den Kasten und vernichteten die kompromittierendsten Briefe.

Im Gegenzug warfen wir dann Rapporte ein, die sich gegen diese uns schadenden Personen richteten. Denn einige Spitzel unterschrieben ihren Brief mit ihrem Namen oder ihrer Kennnummer; sie ahnten ja nicht, dass sie damit zugleich für ihren Eintrag auf der schwarzen Liste des Netzwerks sorgten.

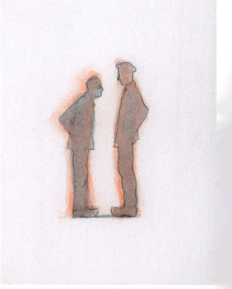

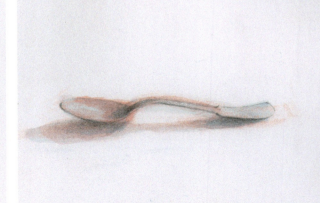

Er hatte solch einen Durchfall, dass er zum HKB ging.

Dort war das Netzwerk über seine Kennnummer in Kenntnis gesetzt worden.

Ihm wurde ein mit Crotonöl verfeinertes Medikament gegeben.

Drei Tage später war er so schwach, dass er erneut zum HKB ging.

Bettlägerig geworden, erhielt er die nötige Injektion. Diese Spritze wäre harmlos gewesen, wenn sie nicht mit einer rostigen Nadel gesetzt worden wäre.

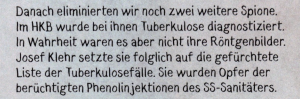
Danach eliminierten wir noch zwei weitere Spione. Im HKB wurde bei ihnen Tuberkulose diagnostiziert. In Wahrheit waren es aber nicht ihre Röntgenbilder. Josef Klehr setzte sie folglich auf die gefürchtete Liste der Tuberkulosefälle. Sie wurden Opfer der berüchtigten Phenolinjektionen des SS-Sanitäters.

Eines Nachmittags im Juni kam der Wagen des Kommandanten, ein Steyr 220, aus dessen Garage herausgefahren.

Vier SS-Männer saßen darin.

Sie fuhren vor das Gittertor, das das Lager vom Ort trennte.

Der Wachsoldat öffnete das Tor und machte den Hitlergruß.

Dann verschwand der Steyr in der Umgebung von Auschwit

Im selben Moment kehrte Hans Aumeier, der Schutzhaftlagerführer, vom Lager Monowitz zurück.

Er gab seinem Pferd die Sporen, um rechtzeitig zum Abendappell im Lager zu sein.

Auf dem Weg begegnete ihm der Wagen.

Er erwiderte den Gruß der Offiziere.

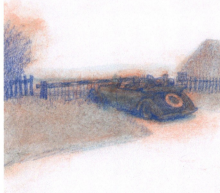

Er wunderte sich ein wenig, dass sie auf einen geschlossenen Bahnübergang zuhielten.

KRRRRRR

Doch der Wagen machte rasch kehrt und bog auf die richtige Straße ab.

Aumeier kam gerade rechtzeitig zum Appell im Lager an.

Wir standen alle nach Blöcken in Reihen.

Seine Männer informierten ihn, dass vier Männer nicht zum Appell angetreten waren.

Und auch darüber, dass der Wagen des Kommandanten verschwunden sei.

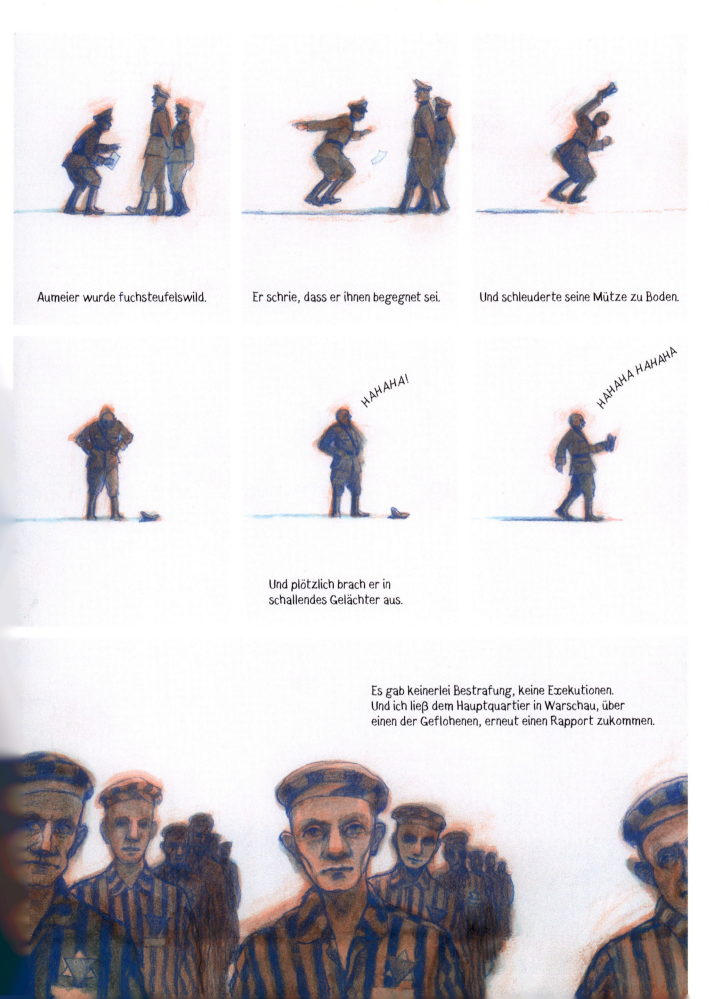

Die Versuchung trieb uns Tag für Tag um, denn die Ermordung ganzer Häftlingsgruppen ging unablässig weiter.

Im Herbst wurde ich mit der Hilfe von Nr. 59 im Gerber-Kommando aufgenommen. Dort arbeiteten etwa 500 Männer, und das Netzwerk war hier gut verwurzelt.

Täglich luden Lastwagen im Hof die Sachen von vergasten Menschen ab, damit sie im großen Ofen der Gerberei verheizt wurden.

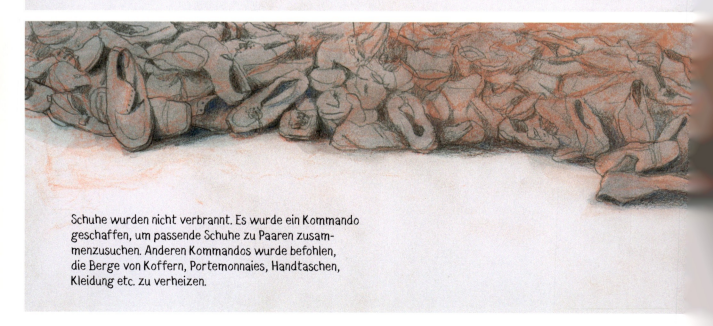

Schuhe wurden nicht verbrannt. Es wurde ein Kommando geschaffen, um passende Schuhe zu Paaren zusammenzusuchen. Anderen Kommandos wurde befohlen, die Berge von Koffern, Portemonnaies, Handtaschen, Kleidung etc. zu verheizen.

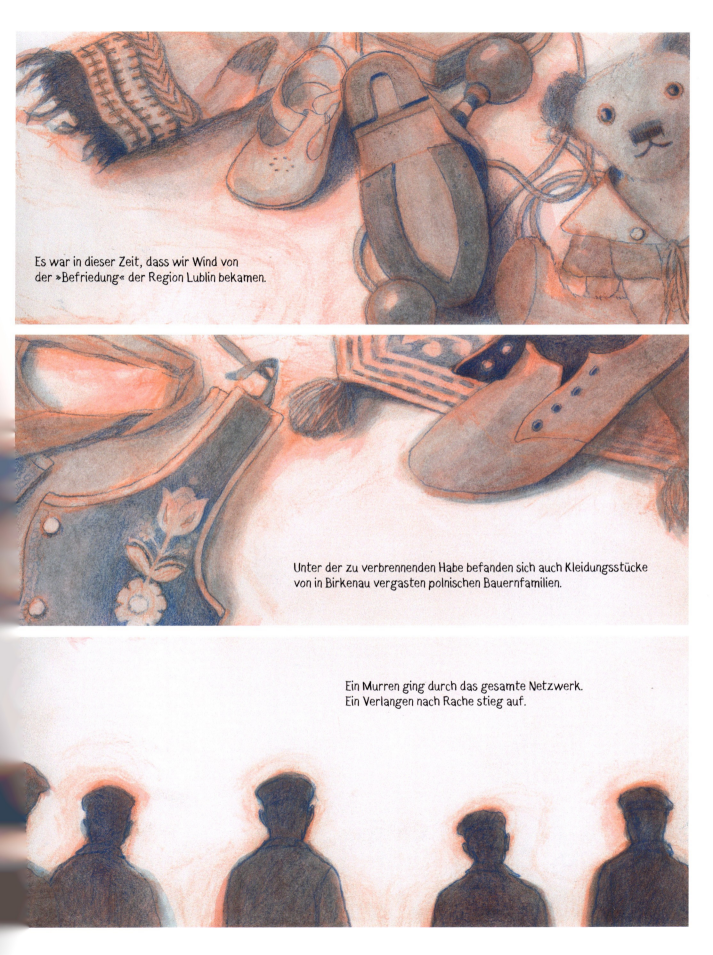

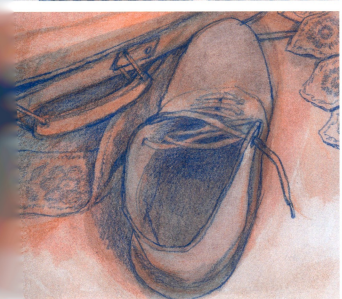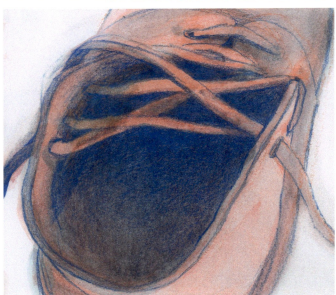

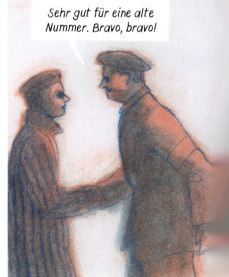

Ich werd noch zu spät zum Appell kommen.

He, Polacke!

Komm mal näher.

Diese beiden Kapos gehörten zu den Schlimmsten.

Sie liquidierten Häftlinge.

Und sie arbeiteten für Grabner.

Grabner war der Leiter der Politischen Abteilung, auch Lagergestapo genannt.

240 Häftlinge wurden aufgerufen. Ausnahmslos Polen. Viele stammten von dem Konvoi aus Lublin, und ein Viertel gehörte zu älteren Deportationen.

Sie wurden zum Block 3 gebracht.

Dort wurde ihnen mitgeteilt, dass sie im Laufe des Tages erschossen werden würden.

Von Block 3 marschierten sie in Fünferreihen weiter, erhobenen Hauptes und ruhig.

*Und Slawek gehörte zu den Aufgerufenen!*

Für die anderen begann ein neuer Arbeitstag.

Jeder fragte sich, was aus ihm werden würde.

Ganz hinten befanden sich Palitzsch und Bruno, die beiden Henker: Beide rauchten und palaverten miteinander.

Es hätte gereicht, dass die letzte Fünferreihe sich umdreht, um sie anzugreifen, und es wäre aus gewesen mit diesen beiden Schlächtern.

Dann drängte sich die Kolonne in den Hof von Block 11.

*Ich hab's satt, Passivität vorzutäuschen. Wir müssen handeln, wir sind bereit!*

Jeder Einzelne war bereit zu sterben. Vor unserem Abtreten würden wir unseren Schlächtern blutige Verluste zufügen.

Sie wurden alle am Nachmittag exekutiert. Erschossen, ohne Mucks, ohne irgendein Hindernis.

Bei der Rückkehr von der Arbeit konnten wir den Geruch des Blutes unserer Freunde wahrnehmen. Die Leichen waren zu den Krematorien transportiert worden. Das Blut war von den Karren getropft.

Fünf Kameraden waren in der Gruppe. Es gab auch noch andere aus unserer Organisation: Ich kannte nicht alle Mitglieder des Netzwerks persönlich, aufgrund der Abschirmung der Zellen.

Im Februar 1943 kam ich zu einem neu geschaffenen Kommando, dem der Pakete.

Von nun an durften Häftlinge Lebensmittel erhalten. Pakete mit einem Maximalgewicht von fünf Kilo wurden täglich angeliefert.

Drei Zimmer von Block 3 wurden dazu benutzt, die Registrierung und die Lagerung durchzuführen. Dieses Kommando arbeitete rund um die Uhr. Ich wählte die Nachtschicht.

Ich hatte ein neues System gefunden, um meinen Kameraden etwas Nahrung zukommen zu lassen.

Vor mir setzte sich ein SS-Mann dicht an den Ofen und schlief um 2 Uhr morgens ein.

Neben ihm türmte sich ein riesiger Stapel Pakete, deren Empfänger schon tot waren.

Und es gab einen Haufen ausgewählter Pakete von diesem Stapel, die an die SS-Kantine geliefert werden sollten.

Ich nahm einige Pakete von diesem Haufen, während der Wachmann schnarchte.

Ich öffnete sie, entfernte die Adresse, drehte das Packpapier um und verschnürte die Pakete wieder.

Dann schrieb ich eine neue Adresse drauf, die eines Kameraden aus dem Lager.

Diese Pakete kamen anschließend zu den Paketen für die Lebenden. Sie waren in einem großen Regal nach Blocknummern sortiert verstaut.

Meine Antwort war Ja.

Es war Ostermontag. Die Nacht vom 26. auf den 27. April 1943, im Bäckereikommando. Der Standort der Backstube, 2 km vom Lager entfernt, war von großem strategischen Belang.

Den im Lager zusammengetragenen Informationen zufolge wurde diese Brücke von Wachposten kontrolliert.

Wir überquerten ein Drittel, dann die Hälfte der Brücke.

Am Ende angekommen, sprangen wir nach links in ein Feld. Die Wachsoldaten mussten an diesem Feiertag einen draufgemacht haben.

Wir waren noch in der Lage zu laufen. Und zugleich versuchten wir, uns für den kommenden Tag zu verstecken.

Wir liefen entlang der Weichsel und der Gleise Richtung Osten.

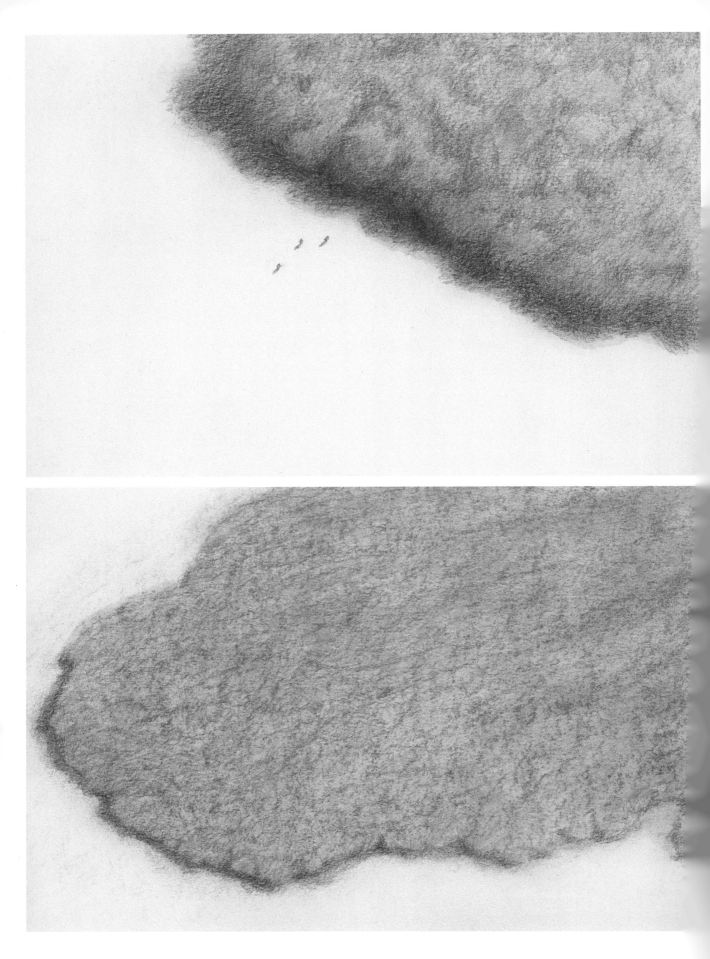

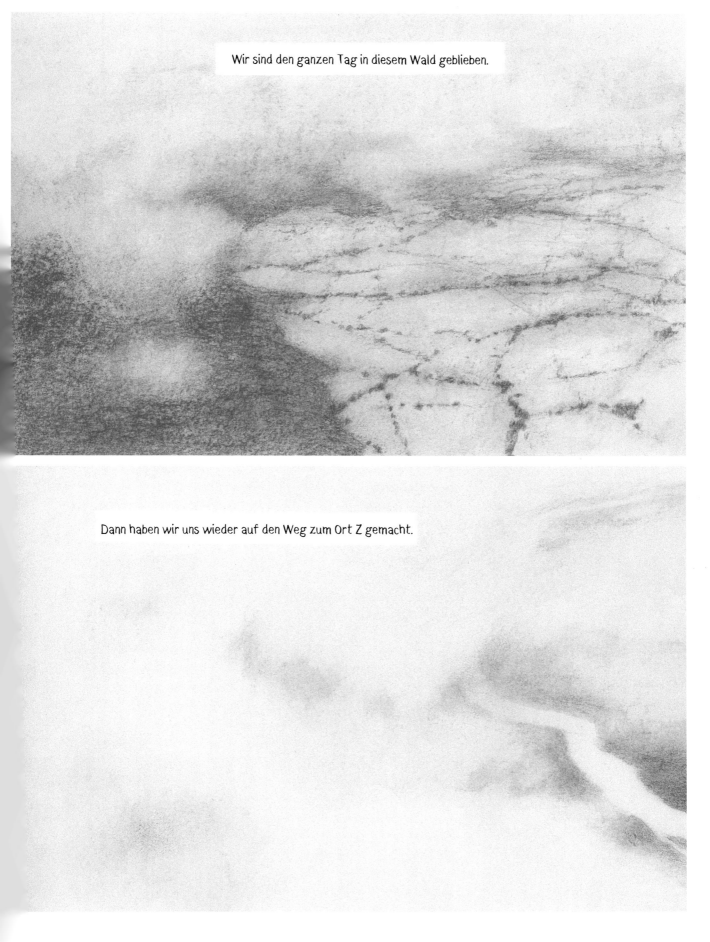

Wir sind den ganzen Tag in diesem Wald geblieben.

Dann haben wir uns wieder auf den Weg zum Ort Z gemacht.

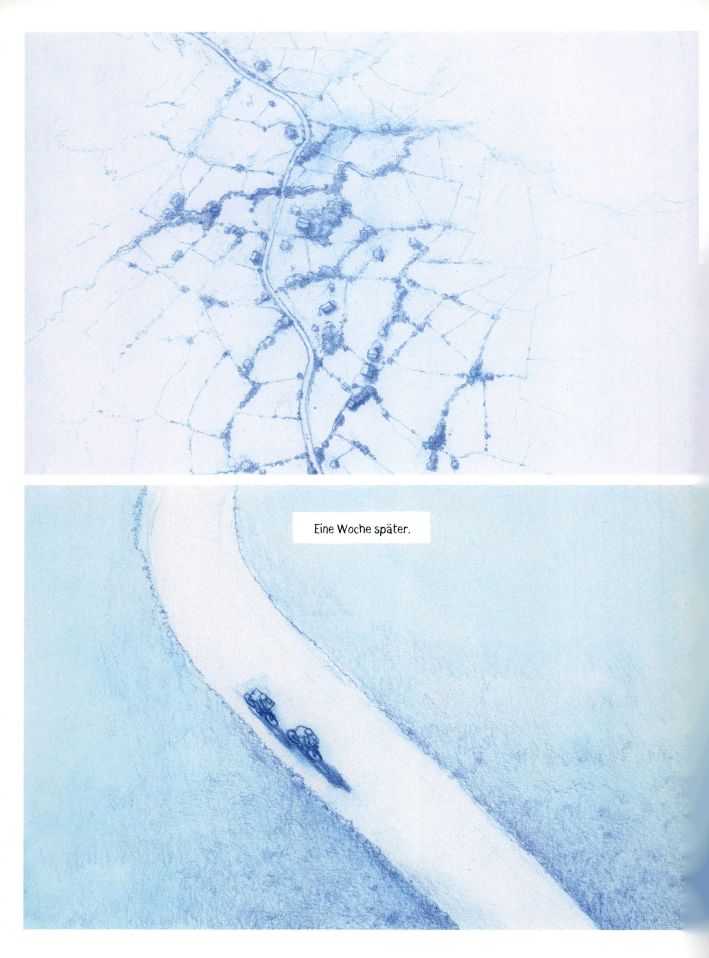

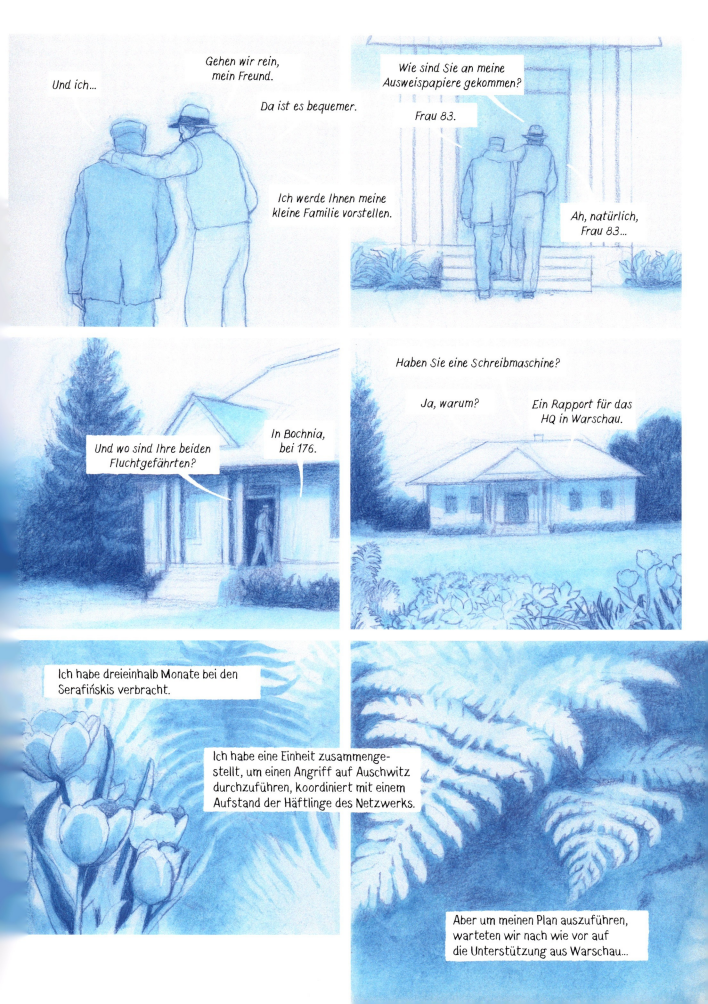

WARSCHAU, 1947.

Mit der Befreiung Polens wurde ich nach Warschau gerufen, für eine neue Mission.

Der Staat war nun unter der Kontrolle der Sowjets, und ihre Sicherheitsdienste jagten die Mitglieder der Heimatarmee.

Ich sollte im Untergrund eine Organisation zur Bekämpfung des herrschenden Regimes aufbauen.

An jenem Tag war ich mit »Danuta« verabredet.

»Danuta« war die Botin des 2. Armeekorps der rechtmäßigen Exilregierung in London.

Ihre Information war klar: Ich war aufgeflogen. Ich musste Polen schnellstmöglich verlassen.

Witold Pilecki wird am 8. Mai 1947 in Warschau verhaftet.
Wegen Spionage wird er vom kommunistischen Regime
zum Tode verurteilt und am 25. Mai 1948 hingerichtet.

Czerwiec 1943 roku Wisła.

...ne dla upamiętnienia, nazwisk, wypadków, faktów po szczęśliwe...
...a samowolnym wyjściu z obozu w Oświęcimiu.

...że od 15-20 IX 1939r. na rozkaz gen. 1/ przez mjr. 2/ zorganizo...
...Włodawie oddział konny-255 koni i pieszy ponad 150 ludzi...
...echał oficer tej samej co ja brygady, starszy stopniem i mo... pr...
...3/ któremu ustąpiłem dowództwa nad oddziałem. Z oddziałem tym...
...smy konno i zbrojno" w różnych terminach " do dn 17 październi...
..., a historję tegoż upamiętnili już moi młodsi koledzy. Oddział...
...i zaczątkiem organizacji T.A.P. którą założyliśmy w Warszawie...
...szej połowie listopada 1939r. W Warszawie pracowałem jako główn...
...któr TAP nom de guerre "Witold"/co sprawdzić można u płk 4/ i p...
...dążyłem do wcielenia TAP do Z.W.Z. Podjąłem się pracy w Oświęci...
...dzie przyjechałem z "IIgim warszawskim" w nocy z dnia 21-22 września
...40r. Po paru tygodniach zorganizowałem pierwszy zawiązek org. wojsk.
...więcimiu wśród "Warszawiaków" i przesłałem w październiku 40r. mel...
...k do Warszawy przez zwolnionego z lagru 6/ pracującego w wywiadz...
...Kierownictwo tej pierwszej "piątki górnej" powierzyłem płk.8/
...rego znając przez lat kilkanaście już w początku 40 r. wciągnąłem
...rszawie do pracy w TAP. na stanowisko szefa sztabu. W listopadzie 40
...organizowałem drugą "piątkę górną" wśród najstarszych trzechcyfrowych
...umerów "häftlingów". W maju 41r. wśród kolegów z IV i V transportów
...warszawskich trzecią "piątkę górną" a w październiku 41r.- czwartą.
/nigdy się nie trzymałem ślepo liczby 5-ciu/. Każda z tych "górnych piąt-
tek" nie wiedziała nic o piątkach innych, rozwijała się samodzielnie,
rozgałęziając się tak daleko, jak ją suma energji i zdolności jej człon
ków/plus zdolności kolegów stojących na szczeblach niższych, a przez
piątkę stale dobudowywanych/-naprzód wypychały. Praca polegała na rato
niu życia kolegów przez: zorganizowanie dożywiania, polecanie wła-
...m bloków, opiece na "krankenbau", organizowanie dostawy bielizny,
...rządzania na lepszych posadach-stanowiskach, podtrzymywanie na duchu
...lportowanie wiadomości z zewnątrz, łączności z cywilną ludnością,
...ekazywanie wiadomości obozowych na zewnątrz, powiązanie w jeden
...ńcuch energiczniejszych jednostek dla skoordynowanej akcji opanowa-
...a obozu w chwili gdy takowa nadejdzie z zewnątrz, bądź to w formie
...zkazu-bądź dessentu. Tak jak w celu większego bezpieczeństwa, powzię
...m myśl, by jedna piątka nic nie wiedziała o drugich, tak również w tym
...lu-omijałem/ początkowo/ ludzi "stojących na świecznikach", którzy tu
...li pod własnymi nazwiskami-jako pułkownicy i słabo zakonspirowani,
...bili już plany opanowania obozu. I tak w kwietniu 41r. koledzy coraz
...ęściej zaczęli przynosić wiadomości, że płk9/ i ppłk10/ przygotowują
...ę do opanowania obozu/ przy tem mniej więcej podawano terminy/ i ppłk
...0/ idzie potem z zdrowymi na Katowice, a płk9/ z chorymi zostaje na mie
...ejscu. Ze względu na rozgłos,-narazie trzymałem się od tego z dala.
...ymczasem organizacja/ słowo to było zakazane i używane tylko w znacze
...iu zupełnie innym/ rozwijała się dość szybko. Wielki młyn lagru wyrzu-
...ał wciąż trupy. Wielu kolegów ginęło, których wciąż trzeba było zastęp
...innymi, wciąż trzeba było wszystko wiązać. Wysyłaliśmy już na zew-
...trz wiadomości, które były podawane przez radja zagraniczne. Wła...
...lagru wściekały się. Daleko rozgałęzione już poszczególne piątki gór
ne zaczęły "w terenie" wzajemnie się domacywać meldując o namacanej
"innej jakiejś organ." W listop. 41 r. wysłałem do Warszawy przez zwol-
...ego z lagru kpt.11/ meldunek. Jednocześnie pisałem w listach do
...ody /okólną drogą/ by mnie nie starano się z lagru wykupić, co mo-
...ło się zdarzyć, gdyż nie miałem żadnej sprawy a hazardowała mnie
...gra i oczekiwana w przyszłości rozgrywka na miejscu. W grudniu 41 r.
...rzesłałem meldunek przez płk.8/ zwolnionego do Warszawy, którego jednak
...o paru dniach znowu w Warszawie aresztowano i po paru miesiącach roz-
strzelano na Pawiaku in w styczniu 42r. przez sierż.12/.

**1.** *Rapport W* **von Witold Pilecki, Seite 1**
9. Zeile (auf Französisch im Text):
nom de guerre [Kampfname] »Witold«.
14. Zeile von unten:
(...) Die große Mühle des Lagers spuckte kontinuierlich Leichen aus. Zahlreiche meiner Kameraden sind getötet und ann durch andere ersetzt worden, wir mussten uns immerfort neu organisieren. Wir hatten damals schon Nachrichten übermittelt, die von den ausländischen Radiostationen gesendet wurden. Die Autoritäten im Lager waren wütend. (...)

**2.** *Rapport W* **von Witold Pilecki, Seite 2**
Ab der 10. Zeile:
(...) Im Herbst 1942 sind Leute angekommen, die ich aus Warschau kannte (diese 4 Männer tauchen im Text als die Nummern 32, 33, 34 und 35 auf). Obwohl sie aus Warschau kamen, wussten sie nur wenig über Auschwitz. 32 wusste, dass er Witold dort treffen würde, aber keiner hatte von den Massenvergasungen gehört, von »Kanada«, den Phenol-Injektionen, den Pyramiden [Anm. d. Ü.: von Leichen], den Geheimnissen des Blocks 10 und der Mauer der Tränen [Anm. d. Ü.: Mauer des Todes] von Block 11. Übereinstimmend äußerten sie ihre Bestürzung angesichts unserer (die polnischen Gefangenen) körperlichen Verfassung und dass wir in Warschau als Skelette gelten würden. Sie brachten uns schlechte Nachrichten, dort sprach im Grunde niemand über Auschwitz, sie sahen keinen Sinn darin, uns dort rauszuholen, es lohnte sich nicht, weil wir »zu nichts mehr taugten«, wir waren selber Leichen. (...)

# Über den Rapport Pilecki

von Isabelle Davion
Dozentin an der Sorbonne Université

An einem Herbsttag 2017 waren Gaétan und ich an der Place de la Sorbonne verabredet. Er hatte gerade *Capitaine Tikhomiroff* herausgebracht, das ich gelesen hatte und sehr mochte, da ich darin das vorfand, was mich schon in *Soleil brûlant en Algérie* (»Brennende Sonne in Algerien«) beeindruckt hatte: atemberaubende Zeichnungen, eine extreme Sensibilität des Autors. Das Wetter war schön, die Studierenden bevölkerten die Terrassen und die Ränder der Brunnen, und ich erklärte Gaétan, dass er zweifellos größere Chancen hätte, sie mit seinen Alben zu berühren, als irgendein Geschichtsbuch über den russischen Bürgerkrieg oder die Gewalttätigkeiten der Entkolonialisierung. Ich hatte selber historische Anmerkungen zur französischen Übersetzung des *Rapport Pilecki*[3] verfasst, wobei ich an sie dachte, ebenso wie an die Studentin, die ich einmal war, und die Informationen, die mich damals interessiert hätten, aber würden sie sie auch lesen? Ganz selbstverständlich kam mir plötzlich der Gedanke, dass der mir gegenüber sitzende Zeichner den Text von Witold Pilecki adaptieren müsste. Einige Skrupel hielten mich für ein paar Augenblicke zurück: Gaétan liebte es über alles, das Reisen zu zeichnen, wie sollte er es da ertragen können, seine Landschaften in die Begrenztheit des Lager-Universums zu zwingen? Doch ihm, der sich strikt dem menschlichen Abenteuer widmet, sollte, wie man so schön sagt, geholfen werden. Ich schleppte den ein wenig verblüfften, aber vor allem sehr neugierig gewordenen Künstler in die Buchhandlung Gibert, um den *Rapport* zu kaufen. Er würde ihn lesen und mir seine Antwort geben. Am nächsten Tag rief er mich nach einer Nacht der Lektüre an, und wie alle, die in Berührung mit dem Erlebnisbericht des *Rotmistrz* (Rittmeister) Pilecki kommen, war er komplett eingespannt in diesen Rapport des Grauens und der Menschlichkeit. Es würde also eine Graphic Novel geben, die in Auschwitz angesiedelt ist.

Dennoch handelt es sich natürlich nicht um ein historisches Werk, sondern um die künstlerische Interpretation des Erlebnisberichts eines Häftlings, der drei Jahre in diesem Konzentrationslager verbrachte. Wenn unsere Zusammenarbeit eng sein sollte, und Gaétan kannte mich lange genug, um zu wissen, dass ich anspruchsvoll bin, dann mussten wir darauf achten, das Gleichgewicht zwischen künstlerischer Freiheit und wissenschaftlicher Strenge zu halten. Ich lieh ihm drei Bände von *Auschwitz 1940-1945. Studien zur Geschichte des Konzentrations- und Vernichtungslagers Auschwitz*, herausgegeben von Dlugoborski und Piper[4], in die er sich gewissenhaft vertiefte... mit dem Resultat, dass seine Fragen immer pointierter wurden: »Ist der Boden von Auschwitz kalkhaltig oder lehmig?«, »Der Block 3 hier, ist das die alte Nummerierung? Glaubst du nicht auch, dass das eher Block 10 ist?« Wenn ich ihn auch nur aus der Distanz bei seinen Besuchen des Lagers geführt habe, so sind wir doch gemeinsam zum Muzeum Armii Krajowej (Museum der polnischen Heimatarmee) in Krakau gefahren, um Erkenntnisse über den polnischen militärischen Widerstand zu gewinnen. Es war erneut Herbst, diesmal 2018, und die Altstadt pulsierte dank des gerade erfolgten Semesterbeginns. Ein Professor für Zeitgeschichte an der Jagiellonen-Universität, Krzystof Zamorski, hatte immerhin die Zeit gefunden, für uns ein Treffen mit dem Museumsdirektor Marek Lasota und dessen Assistentin Joanna Mrowiec zu arrangieren. Wie alle, denen wir unser Projekt einer Graphic Novel darlegten, zeigte sich die Belegschaft des Museums begeistert. In Begleitung des unermüdlichen Krzystof durchstreiften wir sämtliche Ausstellungsräume, sichteten Gegenstände und Uniformen, bevor wir zu den gesondert verwahrten, weil zu empfindlichen Dokumenten gelangten. Es war einer dieser elektrisierenden Momente, die Archiv-Enthusiasten in heftige Aufregung versetzen.

3. *Le Rapport Pilecki*. Déporté volontaire à Auschwitz, 1940-1943, Champ Vallon, Seyssel 2014

Dt. unter dem Titel *Freiwillig nach Auschwitz. Die geheimen Aufzeichnungen des Häftlings Witold Pilecki*, Zürich 2013

4. Verlag des Staatlichen Museums Auschwitz-Birkenau, 5 Bände, Oświęcim 1999

5

*la potence, la cuisine & la quérité de contrôle d'appel*

5, 7, 9, 11:
**Skizzenbuch 2017**
Gaétan Nocq,
erste Reise nach
Auschwitz

Unter dem Blick von Johannes-Paul II., dessen Portrait als junger Mann über die Schreibtische wachte, wurden uns abgegriffene Blätter und vergilbte Notizbücher vorgelegt, bei deren Berührung ich den Atem anhielt aus Angst, dass sie zu Staub zerfallen würden. Alles erzählte von dem Terror und den erbitterten Versuchen durchzuhalten, zu widerstehen, zu bezeugen.

Als die Wehrmacht am 1. September 1939 in sein Land einfällt, ist Witold Pilecki, ein 38-jähriger Pole, Landbesitzer und Leutnant der Reserve bei den Ulanen, der leichten polnischen Kavallerie. Im April 1931 hat er Maria geheiratet, eine Lehrerin, mit der er einen Jungen, Andrzej, und ein Mädchen, Zofia, bekam. Er stammt aus einer patriotischen, katholischen Familie, in der der Aufstand eine heilige Pflicht ist: Bereits 1863 hatte sich sein Großvater mitsamt seiner Familie in Sibirien »niedergelassen«, weil er sich gegen den Zar aufgelehnt hatte. Witold wiederum hat seine ersten neun Lebensjahre in Olonez nahe des Ladogasees in Karelien verbracht, bevor er nach Vilnius in Litauen umsiedelt. Dort gehört er schon bald einer geheimen Riege der polnischen Pfadfinderbewegung ZHP an, die sich 1918 als Militäreinheit organisiert; und mit den Kameraden des ZHP schließt er sich den Selbstverteidigungseinheiten an, die die Region Vilnius sichern sollen, während die deutsche Armee den Rückzug antritt und die bolschewistischen Truppen vorstoßen. So sieht er sich im Alter von 18 Jahren in den Krieg verwickelt, den das wiedererrichtete Polen für seine Ostgrenzen gegen das bolschewistische Russland führt. Diese fundamentale Erfahrung hinterlässt Spuren in seinem *Rapport*, in dem er die Russen mit dem bereits veralteten Namen

»Bolschewiken« bezeichnet. 1939 wird Pilecki als Offizier der Reserve mit der Teilmobilmachung vom 26. August einberufen. In der »Prusy«-Armee kämpft er in der Region von Łódź, um der Wehrmacht den Weg nach Warschau zu versperren. Als sie am 6. September geschlagen sind, schließt sich Pilecki mit einigen Gefährten von der Prusy einer Widerstandsgruppe an. Ein erstes geheimes militärisches Netzwerk wird am 27. September 1939 im fallenden Warschau gegründet, und Pilecki gehört von der ersten Stunde an dazu (diese »Geheime Polnische Armee« TAP wird 1942 mit anderen Untergrundorganisationen in der AK, *Armia Krajowa* = »Heimatarmee«, aufgehen, die in ihrer Hochphase etwa 300.000 Kämpfer umfasst). Während des Sommers 1940 teilt Pilecki seinem Führungsstab mit, dass er sich in Auschwitz inhaftieren lassen will, um dort eine geheime Widerstandsorganisation aufzubauen, die imstande ist, mithilfe der AK einen Aufstand im Lager zu entfachen. Denn in der Anfangsphase seiner Existenz ist Auschwitz ein Konzentrationslager für Polen, in dem die Nazis Mitglieder der Elite – oder dessen, was sie dafür halten – einer Nation internieren, die sie zu enthaupten beabsichtigen. Pilecki weiß das nur zu gut, zwei seiner Kameraden wurden mit dem ersten Gefangenenkonvoi im August 1940 nach Auschwitz verschleppt. Denn von den Polen wollen die Nazis, wie es *a posteriori* 1941-1942 im *Generalplan Ost* formuliert wird, nur eine Rumpfgesellschaft von Arbeitern behalten, abgestumpft von der »Herrenrasse« und ihr nach deren Lust und Laune frondienstpflichtig. In Oświęcim, das seit September 1939, nachdem das Dritte Reich Oberschlesien annektiert hat, Auschwitz genannt wird, befindet sich eine alte österreichische Kaserne mit roten Backsteingebäuden und Baracken, perfekt, um ein Konzentrationslager daraus zu machen.

Und so begibt sich Pilecki am 19. September 1939 zu der Razzia, die in Warschau im Viertel Żoliborz durchgeführt wird, und gelangt in der Nacht vom 21. auf den 22. September nach Auschwitz, wo man ihn unter seinem Decknamen Tomasz Serafiński registriert. Damals hat er den Eindruck, auf einem anderen Planeten anzukommen: Erst als er das Lager betritt, erkennt er das Ausmaß dessen, was ihn erwartet. Er ist der 4859. Häftling und trägt den roten Winkel der »politischen« Häftlinge. Denn auf die gestreifte Uniform genähte Abzeichen kennzeichnen das »Motiv« der Verhaftung. Die »roten Winkel«, inhaftiert wegen Partisanen- oder Widerstandstätigkeit, bildeten bis 1942 die häufigste Kategorie in Auschwitz, mehrheitlich Polen. »Berufsverbrecher« trugen einen grünen Winkel, diese in der Regel deutschen, nicht politischen Häftlinge waren der Schrecken der anderen Lagerinsassen. Die »Asozialen« – ein vager Begriff, der alle möglichen Interpretationen zuließ – mit dem schwarzen Winkel bildeten die dritte Gruppe der Häftlinge, zu der auch die sogenannten »Zigeuner« gehörten. Jüdische Häftlinge bekamen zusätzlich zu ihrem Winkel einen sechszackigen gelben Stern oder ein gelbes Band; ab 1943 bildeten sie die zahlreichste Kategorie. Bei seiner Aufnahme in das Lager erhielt der Häftling eine Kennnummer, die er auf seine Jacke nähen musste, doch schon bald machte die Übersterblichkeit eine Identifizierung der sich auftürmenden Leichen nahezu unmöglich. Weil ihre Buchführung eine fixe Idee der SS war, beschloss man darum, ab 1942 sämtliche Häftlinge zu tätowieren, was eine Besonderheit von Auschwitz darstellte.

Die Pilecki anvertraute Mission, die er niemals aufgeben wird, besteht darin, eine Widerstandsorganisation aufzubauen, deren Aufgabe es ist, Informationen nach außen zu übermitteln, um den Aufstand des Lagers vorzubereiten. Pilecki beginnt damit, eine Gruppe von fünf Männern anzuwerben, die ihre jeweilige Rolle nicht kennen und nur über ihren Verbindungsmann kommunizieren: Diese »Obereinheit«, ab Ende Oktober im Amt, setzt sich aus Mitgliedern der Geheimen Polnischen Armee zusammen wie »Oberst 1«, Władysław Surmacki, den Pilecki Kommandant nennt (siehe S. 71 des Albums). Die erste Herausforderung der »Obereinheit« ist, den Führungsstab in Warschau und die Exilregierung in London wissen zu lassen, dass das Netzwerk (das den Namen »Związek Organizacji Wojskowej«, ZOW = »Bund militärischer Organisationen«, annimmt) in Aktion ist: Der erste Rapport über Auschwitz wird mündlich in Warschau übermittelt, auf jeden Fall im Oktober 1940, dann, über die Zwischenstation »Anna« in Stockholm, übermittelt an den Oberbefehlshaber der polnischen Armee in London, General Sikorski. Dieser erste Bericht befasst sich mit dem Aufbau des ZOW; die folgenden betreffen die Aktivitäten des Netzwerks sowie die täglichen Gegebenheiten in Auschwitz. Denn Pilecki begreift schnell, dass die Realisierung eines allgemeinen Aufstands des Lagers kurzfristig wenig realistisch ist. Doch einstweilen können pragmatischere Ziele anvisiert werden: Hilfe für die schwächsten Personen – insbesondere die jungen Häftlinge –, Kampf gegen die Demoralisierung – der hier eine Frage des Überlebens ist –, Aufspüren von Spitzeln... Andere Pläne von größerem Ausmaß werden scheitern, wie die Massenflucht, von der Pilecki Ende Mai 1942 träumt, am Abend vor der Exekution von 400 Polen der Strafkolonie. Um den ZOW weiterzuentwickeln, sucht Pilecki bevorzugt Kontakte im Häftlingskrankenbau, in den Büros und Werkstätten oder unter den Häftlingen, die außerhalb des Lagers arbeiten und so eventuell zusätzliche Informationen, Schutz oder Essensrationen liefern können. In ihrer Hochphase, 1942, wird die Geheimorganisation in allen Schlüsselsektoren des Lagers präsent sein und Schätzungen zufolge um die 800 Mitglieder umfassen, eingeteilt in Fünfergruppen.

In Auschwitz bleibt Pilecki ein Soldat, ein Rebell: In seinen Augen ist sein Status als Häftling nur eine Tarnung, was der Titel widerspiegelt, unter dem diese Geschichte erzählt wird. Sicher, für die Historiker bezeichnet der »Rapport W« einen kurzen Text von 1943, eine erste Version des Berichtes, der hier adaptiert ist, aber diese Bezeichnung erlaubt es, das Vokabular der Spionage und der Spionageabwehr hervorzuheben, das Pilecki in seinem finalen Zeugnis verwendet: Im Original sind übrigens sämtliche Namen verschlüsselt, und da der Schlüssel des Codes verloren gegangen ist, konnte nur ein Teil der Mitglieder des Netzwerks identifiziert werden. Und zugleich ist »W« auch Georges Perec und erneut Auschwitz, »die Geschichte mit ihrer großen Axt [...]: der Krieg, die Lager[6]«. Auch der Erzähler in *W* von Perec lehnt es ab, ein Held zu sein, aber im doppelten Gegensatz zu Pilecki legt er nur widerstrebend Zeugnis ab: »Ich entschließe mich heute dazu, getrieben von einer zwingenden Notwendigkeit, überzeugt davon, dass die Ereignisse, deren Zeuge ich war, enthüllt und ans Licht gebracht werden müssen. [...] Lange wollte ich das Geheimnis dessen, was ich gesehen habe, für mich behalten; es stand mir nicht zu, was auch immer über den Auftrag offenzulegen, den man mir anvertraut hatte, vor allem, weil dieser Auftrag vielleicht nicht ausgeführt wurde – aber wer hätte ihn schon erfolgreich beenden können?«

Ganz wie Pilecki es macht, handhabt diese Graphic Novel also die Codes der Spionage: den Taumel der Zahlen (Häftlingsnummern, Identitäten des Netzwerks, das Zählen der Tage und der Toten), aber auch Kürzel, die Gaétan ausgiebig benutzt. Denn parallel zum ZOW erblicken weitere Netzwerke das Licht, beruhend auf einem nationalen oder Partisanen-Fundament: die Gruppe der PPS zum Beispiel, der Polnischen Sozialistischen Partei, gegründet von Stanisław Dubois, oder aber der ZWZ (*Związek Walki Zbrojnej* = »Bund des bewaffneten Kampfs«) von Kazimierz Rawicz, eine weitere militärische Organisation, die kurz nach dem ZOW auf die Beine gestellt wird. Pilecki unterstellt sich übrigens ab September 1941 dem Kommando von Oberstleutnant Rawicz, um ein Bündnis des polnischen Widerstands zu ermöglichen. Nach und nach folgen die Anführer der anderen politischen Gruppen Pileckis Beispiel und schließen sich Ende 1941 dieser heiligen polnischen Union an (siehe S. 163). Dem so geschaffenen politischen Komitee kommt die Aufgabe zu, im geeigneten Moment die Erhebung im Lager anzuordnen, die alle mit einem Generalaufstand des besetzten Polen zu synchronisieren hoffen, in Abstimmung mit der AK in Warschau. Einstweilen konsolidiert sich die Organisation des vereinigten Widerstands: 1942 macht sich Pilecki mit weiteren Verschwörern an eine Revision der Struktur, die sie mit Blick auf die Erhebung an militärische Gepflogenheiten anlehnen, von den Zügen (Mitglieder desselben Aufgangs oder desselben Blocks) bis zum Armeekommandanten. Sie statten sie sogar mit einem Militärpfarrer aus. Parallel werden Verbindungen zu den anderen Zweigstellen von Auschwitz geknüpft, das zu einem gigantischen Komplex von 40 km² angewachsen ist.

6. Georges Perec, *W ou le souvenir d'enfance*, Denoël, Paris 1975 (dt.: *W oder die Kindheitserinnerung*, Berlin [Ost] 1978 / Frankfurt a. M. 1982)

AUSCHWITZ I le matin, la place de l'appel au fond les cuisines   16 sept 2017

8. Ausweispapiere von Witold Pilecki (Zeichnung anhand der Originaldokumente)

So wird im März 1941 hinsichtlich des geplanten Überfalls auf die Sowjetunion die Errichtung eines »Lagers für russische Kriegsgefangene« vom *Reichsführer SS* Heinrich Himmler angeordnet – dem Chef sämtlicher Polizeien, Reichsinnenminister und mächtigsten Mann nach Hitler. Dafür vorgesehen, 100.000 Sowjets einzusperren, wird dieses in Birkenau gebaut (Auschwitz II), 3 Kilometer vom Stammlager entfernt. Parallel dazu muss ein Industriekomplex in Monowitz errichtet werden (Auschwitz III), wohin 10.000 Häftlinge, darunter Primo Levi, überstellt werden, um für die Firma IG Farben zu arbeiten. So führt die Intensivierung der Kriegsanstrengungen im Osten zur Gründung von Zweigstellen, die miteinander vernetzt sind, einschließlich über vierzig Außenlager. Aber die deutschen militärischen Rückschläge werden den Zustrom russischer Kriegsgefangener versiegen lassen. Nachdem 15.000 von ihnen im Herbst 1941 unter besonders grauenvollen Bedingungen beim Bau »ihres« Lagers den Tod fanden, wird Auschwitz II-Birkenau zum Konzentrationslager, das im März 1942 um ein Vernichtungslager ergänzt wird. Denn der Angriff auf die Sowjetunion hat die politischen und materiellen Rahmenbedingungen der Auslöschung der Juden ganz Europas begründet, zuerst durch die *Einsatzgruppen*, dann in den Lagern. Nachdem Himmler Lagerkommandant Rudolf Höß über seine Entscheidung informiert hat, den Komplex Auschwitz-Birkenau zu einem der Orte der »Endlösung« zu machen (zweifellos im Sommer 1941), wird der zur Insektenbekämpfung in Lagerhäusern benutzte Cyanwasserstoff (auch Blausäure genannt; Handelsname Zyklon B) in Auschwitz I an Menschen getestet. Die ersten Versuche mit Zyklon B finden dort im Spätsommer 1941 statt: Am 2. oder 3. September werden 250 selektierte erkrankte Polen und 600 sowjetische Kriegsgefangene im Keller von Block 11 vergast. Die Methode wird allerdings von der SS als nicht zufriedenstellend betrachtet, aufgrund von »zu komplizierten Vorbereitungen«, einer zu zufallsbedingten Dosierung und der Notwendigkeit, während des Vorgangs Gasmasken tragen zu müssen. Es finden daher neue Versuche in der Leichenhalle des Krematoriums von Auschwitz statt. Indem sie die Türen der ehemaligen, 80 m² großen Leichenhalle verbarrikadieren und das Zyklon-B-Granulat durch drei Einschüttöffnungen in der Decke in den Raum rieseln lassen, erschaffen die Nazis die erste Gaskammer (später K I genannt). Auch wenn sich die SS-Autoritäten bemühen, die Operationen zu verschleiern, werden diese bekannt, und der Widerstand übermittelt diesbezügliche Dokumente. Die Entwicklung von Techniken zur Tötung eines Maximums an Menschen auf schnellstmögliche Weise nimmt also mit Blick auf den beabsichtigten Genozid an den Juden zu, in Auschwitz wie im gesamten besetzten Europa. Zwischen März und Juni 1942 wird in Birkenau damit begonnen, einen Sektor zu schaffen, der der Vernichtung gewidmet ist: Zuerst werden Gaskammern in zwei »Bunker« (B I und B II) genannten Bauernhäusern eingerichtet, dann, im Frühling 1943, die großen »kombinierten Einheiten« von 210 bis 240 m², errichtet von der Firma Topf und Söhne (die Krematorien mit Gaskammern K II, K III, K IV und K V), mit denen man bis zu 12.000 Menschen am Tag ermorden kann. Sobald die Gaskammern von Birkenau in Betrieb sind, spielt das K I in Auschwitz nur noch eine Reserverolle beim Töten, zur Unterstützung, wenn zu viele Konvois auf einmal ankommen.

Mit der Zeit wird das Informieren zum Hauptziel von Pileckis Netzwerk. Zwischen 1940 und 1943 schleust die Organisation etliche Rapporte aus Auschwitz heraus, die genaue Anzahl ist unbekannt, da nicht alle wiedergefunden wurden. Der ZOW bringt Informationen über den Zustand des geheimen Netzwerks auf den Weg – neue Rekruten, Todesfälle, Mikro-Operationen –, und indem sie das »Alltagsleben« in Auschwitz schildern, geben sie zwischen den Zeilen Auskunft über die Evolution des vom Dritten Reich geführten Krieges: das Eintreffen von »bolschewistischen« Gefangenen 1941, von Frauen im März 1942, oder aber der Moment des Umschwenkens, als die Juden Ende des Jahres 1942 zur zahlreichsten Kategorie im Lager werden. Pilecki bezeugt auch eine der Episoden, die ihn zutiefst berühren, die »Befriedung der Region von Lublin«. Unter diesem irreführenden Namen initiiert ein Erlass von Himmler im Herbst 1942 zu kolonisatorischen Zwecken die Liquidation der Provinz Lublin, deren jüdische Bevölkerung bereits nahezu vollständig ausgelöscht war. Ganze Dörfer werden nun geräumt und gebrandschatzt, deren Bewohner nach Auschwitz geschickt. Die vertriebenen polnischen Familien, mehrheitlich ländlichen Ursprungs, werden dort durch Phenol-Injektionen oder in den Gaskammern ermordet beziehungsweise erschossen. In dieser Zeit sehen Pilecki und seine Gefährten massenhaft Kleidungsstücke von Bauern ankommen (siehe S. 187). Ohne sich je von seinen Emotionen überwältigen zu lassen – denn er will »nur den Sachverhalt« überliefern –, erstattet unser Zeuge Bericht von der omnipräsenten Gewalt und dem Tod in einem Universum, in dem die moralischen Normen ausgesetzt sind. In sehr seltenen Momenten verlässt ihn dennoch seine Zurückhaltung. So etwa bezüglich des Häftlingsorchesters, im Januar 1941 auf Befehl von Rudolf Höß gegründet, um morgens und abends am Tor des Lagers beim Aus- und Wiedereinmarschieren der *Kommandos* aufzuspielen: Diese Pseudo-Militärparade erschöpfter Häftlinge – manche mit den Leichen der während des Tages gestorbenen Kameraden beladen –, aber in Reih und Glied und mit Musik, erleichtert der SS das Zählen der Menschen. Nun ist der Orchesterdirigent ein polnischer Kapo namens Franz Nierycho. Er ist höchst gewalttätig gegenüber den Häftlingen (seine Spezialität: Mord durch Ertränken), aber sehr servil bei den SS-Männern (er komponiert einen Marsch für sie, »Die Arbeit ist die Freiheit«): »ein

wahrer Lump«, fasst Pilecki zusammen[10]. Weitere besonders unheilvolle Gestalten werden in dem Bericht eigens genannt. So erwähnt er mehrere Male den SS-Unteroffizier Gerhard Palitzsch, der die Funktion eines Rapportführers ausübt, also eines für die Disziplin Verantwortlichen, und sich in dieser Eigenschaft um die Exekutionen kümmert. Palitzsch brüstet sich damit, eigenhändig fünfundzwanzigtausend Häftlinge eliminiert zu haben. Von ihm verübt, werden diese Morde vom SS-Mann Maximilian Grabner befohlen, Kommandant der Politischen Abteilung, dessen Tun und Treiben Pilecki ebenfalls schriftlich festhält. Die »Lagergestapo«, wie die Häftlinge diese Abteilung nennen, kümmert sich um die polizeiliche Überwachung (Untersuchungen, Befragungen) der Inhaftierten und um administrative Aufgaben (Registrierung der Häftlinge, Verwaltung der Krematorien, dann der Gaskammern). Sie arbeitet ebenfalls daran, Spitzel unter die Lagerinsassen einzuschleusen, wodurch sie ein Gefühl der permanenten und unsichtbaren Gefahr schürt und die Ausbildung einer stärkeren Solidarität unter den Gefangenen verhindert. Die Exekutionen finden in einem Hof des Lagers von Auschwitz statt, vor einer Backsteinwand, die zwei Blöcke miteinander verbindet und an der schwarze Isolierplatten angebracht sind - die »Todeswand«. Diese Wand, die Leichen verstümmelter Frauen, die Vergasung von Kindern: »So lief das hier. Wie ist das nur möglich gewesen? Kultur... das 20. Jahrhundert...«, fragt sich Pilecki, der, wie gewohnt, mit einer hoffnungsvollen Anmerkung abschließt – und zwar der, dass diese Verbrechen »auf Erden« nicht straflos bleiben werden. Zumindest kann man ergänzen, dass *Obersturmbannführer* Rudolf Höß 1947 hinter der »Todeswand« gehängt werden wird. Von April 1940 bis November 1943 hat er den Posten des Lagerkommandanten ausgeübt (zwischen Mai und Juli 1944 wird er

*10. Le Rapport Pilecki,* Ausgabe Champ Vallon, Seyssel 2014, S. 107

*la miradar dernière*

kurz zurückbeordert, um sein Know-how bei der Ermordung von 430.000 durch Eichmann deportierten ungarischen Juden einzubringen). Und auch Maximilian Grabner ereilt das gleiche Schicksal. Ihm wird ebenfalls 1947 in Krakau der Prozess gemacht, wo man ihn Ende Dezember zum Tode verurteilt und einen Monat später erhängt.

Auch wenn Nachrichten durch Entflohene oder polnische Zivilisten aus der Umgebung des Lagerkomplexes von Auschwitz überbracht werden können, bieten die Haftentlassungen die sicherste Möglichkeit, denn ein »politischer« Internierter kann theoretisch entlassen werden, wenn er »umerzogen« wurde und somit keine Gefahr mehr für die Sicherheit des deutschen Staates oder der Nation darstellt. Doch während Sammel-Entlassungen vor September 1939 – insbesondere in Dachau – gelegentlich verfügt werden können, werden sie nach Kriegsbeginn extrem selten und schließlich, nach dem Einmarsch in die UdSSR und der begonnenen Umsetzung der »Endlösung«, quasi inexistent. In Auschwitz betreffen die Freilassungsbescheide vor allem Polen, die sich als *Volksdeutsche* deklarieren, also als ethnische Deutsche (Personen deutscher Herkunft), oder gewöhnliche Deutsche, die sich zur Waffen-SS verpflichten. Jenseits dieser Fälle spielen die Intervention von Angehörigen und das Bestechen von SS-Männern oft eine wichtige Rolle bei den Freilassungsverfahren. Die sehr lückenhaften Zahlen für Auschwitz-Birkenau geben eine Gesamtzahl von 1.549 aus dem KZ entlassenen Männern und Frauen bei 1.300.000 eingewiesenen Personen an. Bevor er ein Dokument unterschreibt, in dem er schwört, dass er nichts von dem, was er im Lager gesehen hat, preisgeben wird, bekommt der zu entlassende Häftling theoretisch seine Hinterlegung aus der *Effektenkammer*

12

12, 13:
Vorbereitende
Studien für die
Graphic Novel

zurück, dem Lager, in dem die persönlichen Gegenstände der nicht-jüdischen Häftlinge verwahrt werden. Pilecki verfügt dort über Rekruten, die sich als wertvoll erweisen, um kurz vor ihrer Freilassung stehende vertrauenswürdige Männer, denen man eine mündliche Nachricht anvertrauen kann, vor ihrer Abreise abzufangen. So nutzt er für seinen ersten Bericht den Abgang von Aleksander Wielopolski (»Leutnant 6«; siehe S. 83) im Oktober 1940 infolge von Bittgesuchen der Familie des polnischen Ingenieurs, insbesondere bei Reichsmarschall Hermann Göring. Außerdem zeigt sich der Widerstand des Lagers sehr aktiv im Knüpfen von Kontakten zu polnischen Zivilisten im unmittelbaren Umfeld von Auschwitz; das ist einer der von Pileckis Netzwerk genutzten Wege, um Nachrichten auszutauschen und Berichte an das Hauptquartier der Geheimen Armee in Warschau sowie an die Kommandanten der Sektoren Krakau und Schlesien zu schicken.

Darüber hinaus kann die von außen geleistete Hilfe unterschiedlicher Natur sein: materielle Spenden – Lebensmittel oder Medikamente etwa – ebenso wie Unterstützung von Geflüchteten.

Abgesehen von den heimlichen Kontakten nach draußen, die seine Mission erfordert, vermeidet Pilecki jegliche Kommunikation mit der Außenwelt, um seine Tarnidentität zu schützen. Tatsächlich können KZ-Insassen Post empfangen und verschicken, mit Ausnahme der Juden (außer während einiger seltener Zeitspannen), der Sowjets und der des Widerstands Verdächtigten, die aufgrund des *Nacht-und-Nebel*-Erlasses verschleppt worden waren. Die Poststelle des Lagers achtet dabei auf den regelkonformen Charakter der Korrespondenz. Nur eine einzige, vom Häftling bei seiner Ankunft hinterlegte Adresse ist zulässig. Der Brief muss in Deutsch abgefasst sein, auf einem genormten, entgeltpflichtigen und vorfrankierten Formular. Auf dieses in der Lagerkantine verkaufte Papier (die Häftlinge, denen es erlaubt war zu schreiben, konnten auch Geld geschickt bekommen, das in »Lagergeld« umgetauscht wurde) hat man die vorgegebene Formulierung zu setzen: »Ich bin gesund und es geht mir gut«. Im Anschluss daran kann man einige Zeilen hinzufügen. Die empfangenen Briefe sind ebenfalls auf Deutsch und auf 15 Zeilen pro Seite festgelegt. Die erste Schwierigkeit für Häftlinge, die schreiben wollen, besteht also darin, das Formular und den Umschlag zu kaufen, in bar oder gegen Lebensmittel, und dann womöglich einen deutschsprachigen Schreiber zu finden, der oft ebenfalls bezahlt werden muss. Der Brief durchläuft die Lagerleitung, dann die Stelle für postalische Zensur, bevor er versendet wird. Wenn die Nachricht als tendenziös eingestuft wird, reicht man sie an die Gestapo weiter. Im gegenteiligen Fall erhält sie die Absolution eines »Geprüft«-Stempels. Dieses Korrespondenzverfahren existiert nur, um einen Anschein von Normalität im Konzentrationslager-System zu erwecken, und stellt ein zusätzliches Kontrollmittel dar. Pilecki, der sich dafür rechtfertigen muss, keinerlei Post zu erhalten, weiß das nur zu gut (siehe S. 125).

So ist diese grafische Erzählung zunächst ein künstlerisches Werk, aber auch ein Portal, um die – in Frankreich recht unbekannte – Geschichte der ersten Jahre von Auschwitz, zwischen 1940 und 1942, zu vermitteln. Gaétans Zeichnungen gelingt es in der Tat, fundamentale Aspekte von Pileckis Augenzeugenbericht zu schildern. Das gilt etwa für die Kapos, die mehr noch als die SS die Szene beherrschen. Der Begriff Kapo bezeichnet die »Funktionshäftlinge«, anfänglich unter den gewöhnlichen deutschen Strafgefangenen ausgewählt, die auf allen Ebenen der KZ-Verwaltung platziert werden, um den SS-Apparat zu unterstützen: zum Beispiel als Verantwortliche für die Organisation der Arbeit (*Arbeitsdienst*), Aufseher beim Arbeitseinsatz (*Kapos*), Gruppenführer der Kapos (*Oberkapos*) oder als *Vorarbeiter*. Ebenso ist für jeden Block – jede Unterkunfteinheit – ein zum *Blockältesten* beförderter Häftling verantwortlich, der dort für Disziplin sorgt, unterstützt von den *Stubenältesten* (Stubendienst), die sich um die Ordnung in den jeweiligen Schlafräumen eines Blocks zu kümmern haben. Mit der wachsenden Anzahl an Häftlingen gelangen auch Polen an diese Posten. Auch wenn die Kapos weiterhin persönlich der SS unterstellt sind, haben sie dennoch einen großen Handlungsspielraum, um die Gefangenen, die sie unter ihrer Aufsicht haben, der Willkür ihrer Launen zu unterwerfen. All diese Häftlinge in Herrschaftsfunktionen genießen zahlreiche Vergünstigungen: Zusätzlich zu einer Arbeitsbefreiung, die einer Überlebensgarantie gleichkommt, werden sie auch von den SS-Wachen geschützt, die sie abgestellt haben, die Insassen zu beaufsichtigen und die Lagerordnung aufrechtzuerhalten. Der Großteil von ihnen ist besonders grausam, und Pilecki erwähnt den Fall des deutschen Verbrechers »Bruno«, Häftlingsnummer 1, der von vornherein Terror um sich herum verbreitete. Andere Kapos jedoch haben die Gelegenheit wahrzunehmen gewusst, ihre Leute zu beschützen: so zum Beispiel Hans Bock, genannt »Tata« (»Papa« auf Polnisch), der Block- und erster Lagerältester des Häftlingskrankenbaus war, oder Johann Lechenich – Pileckis »Jonny«. In den Augen des Widerstands bemisst sich der Wert eines Kapos zunächst an dem Kommando, das er betreut. Denn in einem Konzentrationslager werden alle Aufgaben von einem *Kommando* ausgeführt, also einer Einheit von Häftlingen, die für eine spezielle Aufgabe abkommandiert wird. Nun sind zwar bestimmte Kommandos begehrt – insbesondere jene »unter Dach«, eingeteilt für eine Arbeit in Innenräumen –, andere jedoch stellen über kurz oder lang ein Todesurteil dar. Infolgedessen nimmt neben dem Häftlingskrankenbau das Büro für Arbeitsverteilung (*Arbeitsdienst*) eine Schlüsselstellung im Widerstandsnetzwerk ein, und schon bald kann Pilecki dort auf einen außergewöhnlichen Mann zählen, Häftlingsnummer 2 Otto Küsel, ein im Arbeitsdienst eingesetzter deutscher Strafgefangener, der ihm zu Beginn seiner Zeit im Lager einen Posten als Ofensetzer zuteilt (siehe S. 31). Otto ist damit betraut, die Kommandos zusammenzustellen, und zahlreiche polnische Häftlinge verdanken es ihm, überlebt zu haben: 1945 wird ihm im Übrigen in Polen die Staatsbürgerschaft ehrenhalber angeboten, die er jedoch nicht annimmt. Von

Belang für die Organisation ist auch, dass die Mitverschwörer Möglichkeiten haben, sich freier im Lager bewegen und Informationen austauschen zu können, was sich aus der Entsendung von Handwerkern ergibt. Und so rekrutiert Pilecki im März 1941 in der Tischlerwerkstatt eine zweite »Obergruppe« und nutzt seine dortige Tätigkeit dazu, hohle Figurinen zu schnitzen, in denen sich Dokumente schmuggeln lassen. Es geht auch darum, in die strategischsten Kommandos aufgenommen zu werden, darunter das Team der Elektriker, das es ermöglicht, Radio zu hören, da dort die Geräte der SS repariert werden. Doch vor ihrer Diversifizierung waren die Kommandos hauptsächlich auf die Errichtung des Lagers ausgerichtet, da das Gelände buchstäblich eine Dauerbaustelle war. 1942 arbeiten noch 8.000 Häftlinge an den Einrichtungen der Gebäude, 1943 sind es 11.000. Dennoch reichen diese Arbeiten zu keiner Zeit aus, um das massenhafte Eintreffen von Deportierten aus ganz Europa aufzufangen. Im Januar 1943 sieht ein dritter, nie vollendeter Erweiterungsplan den Bau von 18 zusätzlichen Blöcken und eines neuen Appellplatzes für 30.000 Häftlinge vor. Das Lager war also noch im Bau, als im November 1944 mit seinem Rückbau begonnen wurde. So wurden in der Anfangszeit seines Bestehens fast alle Häftlinge zum Ausbau von Auschwitz herangezogen: Zu den ursprünglichen Backsteingebäuden wurden im Mai 1941 acht weitere Blöcke hinzugefügt und einige um ein Stockwerk erhöht. Zahlreiche für den Betrieb eines Konzentrationslagers inhärente Strukturen wurden von den Maurer- oder Tischler-Kommandos errichtet: Wohngebäude der SS, Räumlichkeiten der Gestapo, Küchen, Wachtürme oder aber das »Krematorium I«, auch K I genannt – im Juli 1940 errichtet, um die Leichen der mit den ersten Baumaßnahmen im Lager beauftragten Arbeiter zu verbrennen, 300 vom deutschen Bürgermeister ausgelieferte jüdische Einwohner Oświęcims. Ab dem Herbst 1940 reicht die Kapazität von siebzig Einäscherungen pro Tag nicht mehr aus, und ein zweiter Ofen, dann ein dritter müssen dem Krematorium hinzugefügt werden. Im Laufe dieser sukzessiven Ausbauten werden etliche Dörfer zerstört, um in das zwischen der Weichsel und der Sola gelegene »Sondergebiet« des Lagers einverleibt zu werden: Rudolf Höß lässt dort Werkstätten, Waffenfabriken sowie landwirtschaftliche Bereiche einrichten. Pilecki selbst legt während seines ersten Herbstes den Garten der Familie Höß an (siehe S. 48). Denn der Kern der SS-Führung lebt mitsamt Anhang außerhalb des Lagers. Die SS hat ihre eigenen Läden, um sich mit Kleidung, Lebensmitteln, Haushaltswäsche, Kosmetika, Waffen, Krimskrams etc. zu versorgen, die oft dem Hab und Gut der Deportierten entstammen.

Der Häftlingskrankenbau (HKB) stellt ebenfalls einen äußerst sensiblen Standort für die heimlichen Aktivitäten dar. Wie alle Einrichtungen des Lagers dient die für die Häftlinge bestimmte medizinische Station zunächst dem SS-System: Man versucht dort, Epidemien in Schach zu halten, man lässt Häftlingen, die man so schnell wie möglich zurück zu den Kommandos schicken will, oberflächliche Pflege angedeihen, und wenn der Prozess zu wenig erfolgversprechend oder zu langsam verläuft, ermordet man den Kranken per Phenol-Injektion oder, ab 1942, in den Gaskammern. Tatsächlich ermöglicht der Kampf gegen die Epidemien – der von größter Wichtigkeit ist, da sie auch die SS nicht verschonen – die Einführung neuer Formen des Massenmordes an Häftlingen sowie die Durchführung krimineller medizinischer Experimente. Aber der HKB kann, wenn man Kontakte dorthin hat, dazu dienen, Gefangene provisorisch den Kommandos oder der Beaufsichtigung durch die Lagerautoritäten zu entziehen. Die Krankenstation kann also ein Zufluchtsort sein, aber – wesentlich öfter – auch ein Schafott.

A. Wohnhaus des Lagerkommandanten
B. Hauptwache
C. Büros der Lagerkommandantur
D. Büros der Lagerverwaltung
E. SS-Krankenrevier
F. Politische Abteilung (Lagergestapo)
G. Aufnahme-/Registraturgebäude
H. Lagertor
I. Häftlingsküche
Kl. Gaskammer und Krematorium I
L. SS-Werkstätten und Lager
M. Lager für die beschlagnahmten Besitzgüter von ermordeten Deportierten
N. Kiesgrube (Exekutionsstätte)
O. Standort des Orchesters
P. Wäscherei-Baracke für die SS
R. Blockführerstube
S. Erschießungswand
1–28. Unterkünfte und Funktionsbaracken für die Häftlinge

14

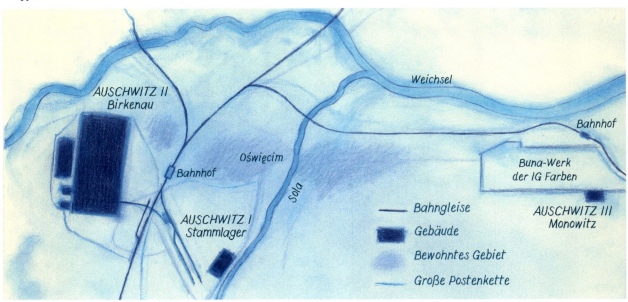

15

14. Plan des Konzentrationslagers Auschwitz I (Zeichnung nach Originaldokument)

15. KZ-Komplex von Auschwitz 1944 (Zeichnung nach Originaldokument)

Mit der Ausbreitung von Typhus findet im Häftlingskrankenbau ab dem Sommer 1941 zweimal pro Woche eine »Selektion« von dort eingelieferten, dem Tod geweihten Häftlingen statt, womit er zum »Vorzimmer des Krematoriums« wird. Im April 1943, als der Bedarf an Arbeitskräften dringlicher wird, ordnet Himmler den Stopp der »Selektionen« im HKB an; im August jedoch werden sie für jüdische Häftlinge wieder eingeführt. Der HKB ist ein gefragtes Kommando – weil man dort dem Appell entgeht und besser verpflegt wird –, und sein Ältester ist einer der mächtigsten Kapos des Lagers. Da der Pole Władysław Dering, Pileckis »Stabsarzt 2«, den Posten bekleidet, kann man davon ausgehen, dass nahezu das gesamte medizinische Personal dem ZOW beigetreten ist, der aus dem HKB sein »Hauptquartier« gemacht hat. In diesen Blocks gewährt die Organisation ihren schwächsten Mitgliedern Zuflucht und exekutiert Spitzel der Gestapo. In Auschwitz inhaftiert von August 1940 bis Januar 1944, ist Władysław Dering von »Oberst 1« rekrutiert worden, auf Empfehlung Pileckis, der ihn in der Geheimen Polnischen Armee kennengelernt hatte. Doch obschon er den Mitgliedern des Widerstands substanzielle Hilfe zuteilwerden ließ, hat er zugleich an

Menschenversuchen der Nazis mitgewirkt, die darauf abzielten, eine möglichst wirksame Methode zu finden, um Menschen zu sterilisieren, ohne deren Arbeitskapazität zu beeinträchtigen. So nahm Dering 130 experimentelle »Eingriffe« an aus Birkenau überstellten, männlichen wie weiblichen jüdischen Häftlingen, aber auch an Sinti und Roma vor. 1945 wird er wegen Kriegsverbrechen gesucht und bekommt 1964 in einem von ihm selbst angestrengten Verleumdungsprozess formal zwar recht, wird aber zur Übernahme der Verfahrenskosten verurteilt.

Im Laufe der Zeit ist es seine Überlebensfähigkeit selbst, die Pilecki in Gefahr bringt. 1943 beginnen die SS-Autoritäten des Lagers einen umfassenden Kampf gegen die Netzwerke, und die kollektiven Exekutionen von Häftlingen, die geheimer Aktivitäten verdächtigt werden, häufen sich. Diese zunehmenden Offensiven der Lagergestapo schwächen den ZOW ernsthaft, der im Begriff ist zusammenzubrechen. Dank ihrer Spitzel, einem der effizientesten Aspekte ihres Terrorsystems, weiß die SS, dass ein von Polen geführtes Netzwerk existiert, dem sie blindlings, aber erfolgreich substanzielle Schäden zufügt. Nach Exekutionen oder Verlegungen muss jedes Mal mit Neuankömmlingen wieder von vorne begonnen werden. Die SS weiß auch, dass der Widerstand von »kleinen Nummern« geführt wird: Zu jener Zeit werden die Neuregistrierten mit Nummern jenseits von 105000 tätowiert. Mit seiner Häftlingsnummer 4859 ist Pilecki also in der Schusslinie. Da er obendrein aus Warschau keinerlei konkrete Zusagen für die Unterstützung eines Aufstands kommen sieht – Partisanenangriff, Fallschirmspringer oder Bombardierung der SS-Quartiere –, beschließt er auszubrechen, um den Kommandanten der Polnischen Heimatarmee persönlich davon zu überzeugen, den Angriff einzuläuten. Für die gesamte Existenz des Lagers wurden 802 Fluchtversuche erfasst, von denen 144 erfolgreich waren. Diese Statistiken, die nur einen groben Überblick bieten, zeigen, dass die Fluchten, ob erfolgreich oder nicht, von Jahr zu Jahr zahlreicher wurden – nicht zuletzt, weil sich der Krieg für Deutschland ungünstig entwickelte, was den Gefangenen gleichermaßen den Mut verlieh zu fliehen wie bei einer Flucht zu helfen. Da ein Großteil dieser Fluchten mithilfe des Widerstands vorbereitet worden ist, machen Polen die Hälfte der Flüchtenden aus: In der Umgebung des Lagers und bis hin zu den Beskiden sind Bauern damit beauftragt, sich der Flüchtlinge anzunehmen. Die erste Maßnahme nach einer Flucht ist der Strafappell für alle Häftlinge, stehend auf dem zentralen Platz: Infolge der ersten Flucht, der des jungen Tadeusz Wiejowski, dauert der Appell vom 6. Juli 1940 mehr als neunzehn Stunden. Obendrein führt Rudolf Höß die Regel der Kollektivschuld ein: Eine variable Anzahl an Gefangenen, bis zu 20, werden aus dem Block, zu dem der Geflüchtete gehörte, ausgewählt und dazu verurteilt, in einer Zelle zu verhungern, oder sie werden erschossen. Auch die Familie des Entflohenen ist Ziel von Repressalien, die Angehörigen riskieren, ins Lager gesperrt zu werden. Dieses Prinzip der kollektiven Bestrafungen wird zu Beginn des Jahres 1942 aufgehoben, da es zu viele Arbeitskräfte abzieht – in einer Zeit, in der sich die Kriegsanstrengungen im Osten intensivieren. Von diesem Zeitpunkt an fördert das Netzwerk, das bis dahin wegen der zu schweren Konsequenzen Fluchten missbilligte, letztere als Mittel, um seine Geheimberichte aus dem Lager zu schleusen. Eine Serie von Ausbrüchen – darunter die von Pilecki erzählte Flucht in einem Auto (siehe S. 180) – wird am 16. Mai 1942 durch einen engen Mitarbeiter von ihm eingeleitet.

Pilecki weiß, um die Erfolgschancen zu erhöhen, muss man von außerhalb des Lagers fliehen. Er zieht im Übrigen auch in Erwägung, einen Tunnel zu graben, scheitert aber an der unlösbaren Frage »Wohin mit der ganzen Erde?« Nachdem er einen neuen Plan ausgearbeitet hat, gelingt es ihm in der Nacht vom 26. auf den 27. April 1943, zusammen mit zwei Gefährten, Jan Redzej und Edward Ciesielski, zu fliehen (siehe S. 209). Da sich sein Warschauer Netzwerk seiner annimmt, findet sich Pilecki, zu ihrer beider Verblüffung, Auge an Auge mit dem echten Tomasz Serafiński – Pseudonym bei der Heimatarmee: »Lisola« – wieder, mit dessen Ausweispapieren man ihn ausgestattet hatte, um ihn ins KZ einzuschleusen (siehe S. 220). Am Tag nach seiner Flucht schreibt er in der Kleinstadt Wiśnicz einen ersten

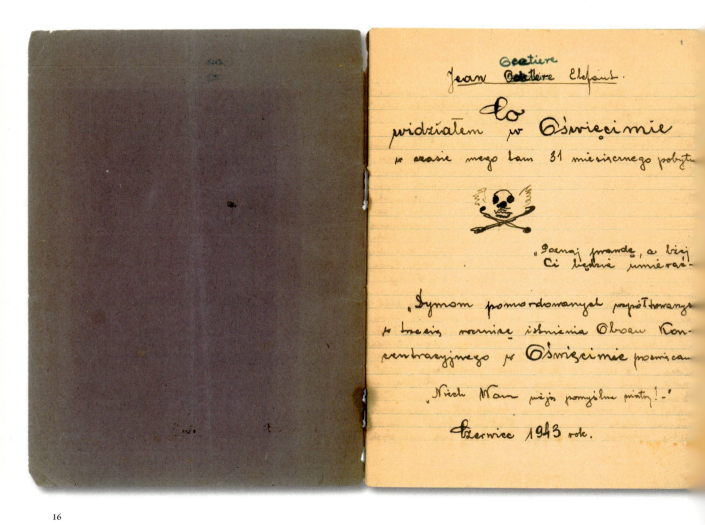

**16. Schreibheft von Jan Redzej: Juni 1943**
»Hier folgt das, was ich in Auschwitz während meiner 31 dort verbrachten Monate gesehen habe.«
[SS-Totenkopf-Zeichen] und darunter:
»Und ihr werdet die Wahrheit erkennen und es wird euch leichter fallen zu sterben.«
(Mutmaßliche Referenz auf das Johannesevangelium, Kapitel 8, Vers 32:
*Und ihr werdet die Wahrheit erkennen, und die Wahrheit wird euch frei machen.*)

**17. Schreibheft von Edward Ciesielski:**
September 1943, rechte Seite, ab der 3. Zeile:
»Am Anfang wurde per intravenöser Phenol-Injektion getötet. Dann hat man befunden, dass das nicht praktisch sei, weil es zu viel Zeit verschlinge. Jetzt verabreicht man intrakardiale Injektionen. Man injiziert 20 cm³ Phenol.«

Letzte Zeilen: »Oben habe ich einen Plan des Blocks 20 gezeichnet, damit es einfacher zu verstehen ist, wo und wie man die Injektionen verabreicht hat.«

Bericht von wenigen Seiten, der auf äußerst knappe und militärische Weise seine drei Jahre der Infiltration schildert und den er nach Warschau und London übermittelt: Es ist der »Rapport W[18]«, die Matrize des längeren Erfahrungsberichts, den er zwei Jahre später verfassen wird. Diese erste Bilanz schließt bereits eine Schätzung der Opfer unter den Häftlingen von Auschwitz I und die Anzahl der bei ihrer Ankunft in Auschwitz II-Birkenau ermordeten Juden ein. Denn Pilecki ist, wie sein Landsmann Jan Karski, Augenzeuge des Höhepunkts der Shoah 1942-1943, als die – insbesondere polnischen – Juden massenhaft deportiert und vernichtet werden; und wie Karski ist Pilecki ein ungehörter Bote. Anders als bei Karski taucht der Genozid der europäischen Juden jedoch nur gelegentlich in Pileckis Äußerungen auf, der vor allem die Zustände im Konzentrationslager bezeugt, wo man die Polen als Nation beseitigt, sein Hauptaugenmerk. Doch sein profunder Patriotismus ist kein Fanatismus und bringt ihn niemals dazu, die fundamentalen Werte von Würde, Respekt und gegenseitiger Hilfe zu opfern. Was würde Pilecki, für den ethno-religiöse Betrachtungen nicht von Belang sind, sagen angesichts der erbärmlichen Vorstellung, die eine Handvoll starrsinniger Ultranationalisten im 21. Jahrhundert zu geben fähig ist, um polnische Historiker*innen daran zu hindern, die Erforschung der Shoah voranzubringen? Zweifellos würde er seine Worte von 1945 wiederholen, als er beobachtete, wie das Leben im Lager seine Landsleute prüfte: »Manche von uns sind in einen moralischen Gully abgeglitten, andere haben ihre Persönlichkeit funkeln sehen wie aus Kristall[19].« Über den Genozid sind die Aussagen Pileckis also indirekt, aber wiederkehrend. Sie bilden eine Mischung aus präzisen Fakten, etwa über die in Birkenau errichteten Gaskammern oder die Sonderkommandos, aber auch aus Schätzungen und Irrtümern – die weitgehend auf den Zeitpunkt seines Berichts zurückgehen – bezüglich der diversen Vernichtungsmethoden und der Anzahl der Opfer. Heute, da die Berechnungen so präzise sind, wie sie nur sein können, da die Opfer der »Endlösung« nicht registriert wurden, wird davon ausgegangen, dass von 1.300.000 nach Auschwitz-Birkenau deportierten Menschen 1.100.000 ermordet worden sind, darunter eine Million Juden, 75.000 nicht-jüdische Polen und 17.000 Sinti und Roma. Das Gelände von Auschwitz stellt infolgedessen den größten jüdischen, den größten polnischen und den größten Sinti- und-Roma-Friedhof dar.

Dieser erste kurze, in Wiśnicz verfasste Bericht ist direkt an das Hauptquartier der AK in Warschau adressiert, aber das

**18.** Siehe Seiten 233 und 234.

**19.** Le Rapport Pilecki, Ausgabe Champ Vallon, Seyssel 2014, S. 55

**20.** Karte der Flucht von Witold Pilecki, Jan Redzej und Edward Ciesielski

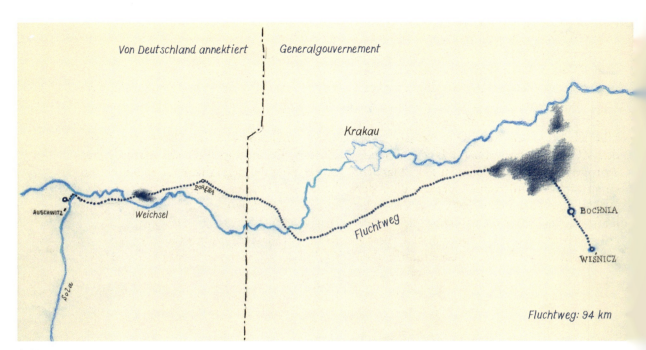

20

Oberkommando misstraut diesen drei Männern, die behaupten, mit präzisen Plänen von Auschwitz zu kommen, nachdem sie von dort entfliehen konnten. Also begibt sich Pilecki Ende August 1943 persönlich nach Warschau, um für einen Angriff auf das Lager zu plädieren. Dennoch wird die Operation als undurchführbar eingestuft, wegen der Anwesenheit deutscher Garnisonen um das Gelände herum und der schwierigen Lage des polnischen Widerstands seit dem Tod von General Sikorski bei einem mysteriösen Flugzeugabsturz über der Straße von Gibraltar am 4. Juli 1943. In der Folgezeit nimmt Pilecki am Warschauer Aufstand teil (1. August – 2. Oktober 1944), nach dessen Niederschlagung er im Kriegsgefangenenlager *Oflag VII A* in Murnau, Oberbayern, inhaftiert wird. Im April 1945 befreit, stößt er in Italien zum 2. Polnischen Korps, das Teil der Polnischen Exil-Streitkräfte im Westen unter dem Oberbefehlshaber General Władysław Anders war. Den Sommer über nimmt Pilecki seinen Rapport W wieder auf, um ihn zu erweitern – unter Zeitdruck, da er im Begriff ist, zurück und in den Widerstand gegen die kommunistische Führung zu gehen, die sich mithilfe der Roten Armee Polen angeeignet hat. Pilecki diktiert damals einen definitiven Bericht seiner Gefangenschaft in Auschwitz, gut hundert Seiten, die unter dem Namen »Rapport Pilecki« bekannt sind. Dann kehrt er nach Polen zurück, für eine Mission zur Infiltration der Kommunisten und um ein neues Widerstands-Netzwerk zu organisieren. Dort wird er im Mai 1947 verhaftet und zum »Volksfeind« und »imperialistischen Agenten« erklärt (132 Anklagepunkte), von einer Regierung, an deren Spitze Józef Cyrankiewicz steht, der ebenfalls ein Überlebender von Auschwitz ist, wo er mit dem ZOW kollaboriert hatte. Doch im neuen, »progressistischen« Polen ist kein Platz für einen nicht-stalinistischen Bericht über den Widerstand gegen die Nazis: Cyrankiewicz lehnt das Gnadengesuch ab, und Pilecki wird am 25. Mai 1948 in Warschau erschossen; seine Leiche wird aller Wahrscheinlichkeit nach in ein Massengrab auf dem kommunalen Powązki-Soldatenfriedhof geworfen. In den Jahren des Kalten Krieges herrscht das Gesetz des Schweigens bezüglich Pilecki: Sein Haus wird 1956 abgebrochen, seinen Kindern das Studieren untersagt. Doch seit 1990 ist der *Rotmistrz* (Rittmeister) rehabilitiert, und in den folgenden Jahren erhält er postum die höchsten polnischen militärischen Auszeichnungen, darunter den Weißen Adler, der 1941 den Weihnachtsbaum von Zimmer 7 des Blocks 25 geschmückt hatte (siehe S. 166). Im Jahr 2000 wird schließlich der im Londoner Sikorski Museum verwahrte *Rapport Pilecki* in Polen veröffentlicht, bevor er in den Vereinigten Staaten, in Italien, Deutschland, China und auch Frankreich übersetzt wird. Seit 2012 führen die polnischen Behörden Grabungen auf dem Powązki-Friedhof durch, um die sterblichen Überreste eines Mannes zu finden, dessen Kinder – und auch dessen Land – ihm eine Grabstätte schenken wollen.

Ich möchte noch hinzufügen, dass die Zeit der Entstehung dieses Albums auch eine Zeit des Ablebens von Akteuren des Warschauer Aufstands und der französisch-polnischen Freundschaft gewesen ist: des quirligen Stanisław Likiernik, der 2016 an der Sorbonne eine Konferenz abhielt, auf der er meine Studierenden mit Anekdoten über junge Krankenschwestern und schlecht platzierte Verletzungen eroberte, und des wunderbaren Jerzy Kłoczowski, der zugleich ein großer Historiker und ein vollkommener Europäer war. Und es erfüllt mich mit Trauer, dass ich ihnen dieses Album nicht mehr vorlegen kann.

Mit großer Subtilität erschließen Gaétans Zeichnungen die ans Absurde grenzende, über das tagtägliche Grauen hinausgehende Willkür des Lebens in Auschwitz. Wir folgen Pilecki Schritt auf Schritt, fast über seine Schulter gebeugt, und da er niemals resigniert, halten wir mit ihm zusammen Ausschau nach den kleinsten Hoffnungsschimmern.

*Ein Comic ist zuerst einmal eine Erzählung. Und Isabelle hat mir eine geliefert. Eine Erzählung ohne Emphase, ohne Pathos, umso stärker, da sie auf Tatsachen beruht. Eine wahre Geschichte von Spionage, einer komplexen, fast unmöglichen Mission und einer Flucht obendrein. Ein Erlebnisbericht, in einem sehr sensiblen Kontext, dem des Konzentrationslagers Auschwitz. Doch es galt, einen Comic daraus zu machen. Zuallererst ging es darum, diesen Text zu rezipieren wie ein Material, das man kneten, modellieren kann. Ich ließ mich auf die Sicht und die Geschichte von Witold Pilecki ein. Zwischen kleiner und großer Geschichte gab es ein erzählerisches Potenzial, das mich inspirierte.*

*Nach der Lektüre des »Rapport Pilecki« hatte ich Isabelle zugesagt, doch mich hatten echte Zweifel beschlichen. Die Schwierigkeit für mich war der Kontext der Erzählung, Auschwitz. Meine Zweifel beruhten auf der Frage der Bebilderung. Der Darstellung dieser Hölle. Wie das Unbeschreibliche abbilden? Wie Abstand dazu gewinnen? Welche Sichtweise vermitteln? Welchen Teil des Darstellbaren? Diese Fragen klangen auch nach einer echten Herausforderung für einen Comicautor. Die Flut an Bildern, die ich im Internet fand, brachte mir nichts. Das beste Mittel, Zugang zu bekommen, war, dorthin zu fahren. Mich vor Ort zu begeben, auf das Gelände, mit meinen Gouachen und meinen Stiften. Sehen, spüren, berühren. Am Abend vor der Abreise hatte ich mich dank der Angaben von Isabelle anhand eines Luftbildes über die Geografie des Geländes informiert. Da war das Lager mit seinen schnurgeraden Reihen von Blöcken, und ringsherum bemerkte ich diese grünen Zonen. Die Natur. Bäume, Felder und dieser Fluss, die Sola. Der Fluss der Flucht. In Oswiecim angekommen, ging ich die Sola entlang, um zum Eingang des Lagers zu gelangen. Eine üppige Natur umsäumte diesen breiten und opaken Fluss. Ein Feld, eine Kuh, und all diese Bäume... Im Lager selbst entschloss ich mich, meine erste Zeichnung auf dem Appellplatz anzufertigen, den Pilecki so viele Male angeführt hat. Direkt, als Gouache, in farbigen Flächen. Die Sonne knallte auf die roten Backsteine der Gebäude, die Schatten kontrastierten auf dem Boden, die Perspektive war tief... Alles begann, ich tauchte in das Thema ein.*

*Im Inneren der Blocks versank ich in diesen langen Gängen mit gedämpfter Beleuchtung, diesen Treppenhäusern mit metallenen Geländern. Von Nahem skizzierte ich die Form der Fenster, der Türgriffe und -schlösser, der Fußleisten, der Lichtschalter aus Bakelit etc. Ich variierte die Blickwinkel, vom Innen- zum Außenraum, vom Lager zu seiner Umgebung. In aller Herrgottsfrühe zeichnete ich am Ufer der Sola die Bewegung des Flusses und die Ansicht der im Nebel verschwindenden Bäume.*

*Ein Jahr später unternahm ich eine zweite Reise nach Auschwitz. Mein Comic war damals schon recht weit fortgeschritten. In einem Skizzenbuch von größerem Format fertigte ich an die zwanzig Zeichnungen an. Meine Sichtweisen verfeinerten sich. Ich konzentrierte mich auf die Beziehung zwischen der Natur und dem Lager. Um die Blöcke herum gab es diese großen Bäume. Ihre raue, ja rissige Borke zeichnete ein organisches Muster nach. Zur Zeit des Konzentrationslagers waren sie noch ganz jung... Heute sind sie sehr präsente Zeugen.*

*Gaétan Nocq, April 2019*

Une vache meugle (28.09.18) ~16h
le long de la rivière
sur le chemin d'Anschertz

Trois arbres
un peu plus loin
sur le chemin
le 28 septembre 2018

Un arbre derrière
les blocks
14h20
29 sept, 2018

la rivière Sota
16h25  30 sept 2018

## Weitere Werke von Gaétan Nocq

Bei den éditions La Boîte à bulles
*Capitaine Tikhomiroff*
*Soleil brûlant en Algérie*

## Bibliografie

*Le Rapport Pilecki. Déporté volontaire à Auschwitz 1940-1943*, Übersetzung Urszula Hyzy und Patrick Godfard, historische Anmerkungen Isabelle Davion, Nachwort von Annette Wieviorka, Champ Vallon, Seyssel 2014

Deutschsprachige Ausgabe:
*Freiwillig nach Auschwitz. Die geheimen Aufzeichnungen des Häftlings Witold Pilecki*, Orell Füssli, Zürich 2013

Włacław Długoborski, Franciszek Piper (Hrg.),
*Auschwitz 1940-1945. Studien zur Geschichte des Konzentrations- und Vernichtungslagers Auschwitz*,
5 Bde., Verlag des Staatlichen Museums Auschwitz-Birkenau, Oświęcim, 1999

Tal Bruttmann, Laurent Joly und Annette Wieviorka,
*Qu'est-ce qu'un déporté? Histoire et mémoires des déportations de la Seconde Guerre Mondiale*,
CNRS Éditions, Paris 2009

Tal Bruttmann, *Auschwitz,* La Découverte, Paris 2015

Annette Wieviorka, *Auschwitz. La mémoire d'un lieu,*
Neuausg. Pluriel, Paris 2015

Primo Levi, *Ist das ein Mensch?,* Hanser, München 2011

## Abbildungsnachweis

Museum der Heimatarmee, Krakau,
für die Dokumente auf den Seiten 233, 234, 250 und 251